EDUARDO SANTA

EL PASTOR
Y LAS
ESTRELLAS

EDICIONES OBELISCO

Si este libro le ha interesado y desea que le mantengamos informado de nuestras publi-
caciones, escríbanos indicándonos qué temas son de su interés (Astrología, Autoayuda,
Ciencias Ocultas, Artes Marciales, Naturismo, Espiritualidad, Tradición) y gustosamen-
te le complaceremos. Puede visionar nuestro catálogo en www.edicionesobelisco.com

Colección Narrativa
El Pastor y las Estrellas
Eduardo Santa

1ª edición: abril de 1997
2ª edición: febrero de 1998
3ª edición: abril de 1999
4ª edición: octubre de 1999
5ª edición: octubre de 2000
6ª edición: febrero de 2001

Portada de Ricard Magrané sobre una ilustración de Mario Diniz
© 1997 by Eduardo Santa (Reservados todos los derechos)
© by Ediciones Obelisco, S.L. 1997
(Reservados todos los derechos para la presente edición)
Edita: Ediciones Obelisco, S.L.
Pere IV, 78 (Edif. Pedro IV) 4ª planta 5ª puerta 2ª Fase
Tel. 34-93 309 85 25 - Fax 34-93 309 85 23
08005 Barcelona - España
Castillo, 540, Tel y Fax. 541-14-771 43 82
14141 Buenos Aires (Argentina)
E-mail: obelisco@airtel.net

Depósito Legal: B. 9.969 - 2001
I.S.B.N.: 84-7720-554-X

Printed in Spain

Impreso en los talleres gráficos de Romanyà/Valls S.A.
Verdaguer, 1. 08786 Capellades (Barcelona)

I. En el arroyo

Abenámar se levantó muy temprano y después de ceñir su túnica de lino blanco y de anudarse las sandalias de cuero, echó a caminar por el sendero angosto que conduce de su cabaña hasta los altos riscos donde había pasado casi toda su vida, en completa soledad, apacentando su rebaño de cabras. Ya no las tenía, pues su avanzada edad no le permitía conducirlas por aquellos parajes escarpados ni cuidarlas de todos los peligros, pero conservaba la costumbre de frecuentar el sitio donde desde hacía cinco años se sentaba a contemplar el esplendor de los cielos y tocar su delicado caramillo.

Izcai, su mujer, siempre le veía salir todos los días, con las primeras luces del amanecer, con su mochila llena de pan y de vino y con su cayado sarmentoso, y regresar, en las primeras horas de la noche, con la cabeza llena de hermosos pensamientos y el corazón rebosante de esperanzas, mientras en el cielo ardían las estrellas y en el bosque cercano el viento hacía sonar la misteriosa melodía de sueños desconocidos.

Aquel día Abenámar se fue tarareando una canción aprendida de su madre, cuando él tenía muy pocos años. A medida que iba caminando, sobre el angosto sendero lleno de polvo y de hojas secas, iba quedando la huella muy nítida de sus sandalias. De pronto se detuvo y, sorprendido por el ruido acompasado de sus pies sobre el polvo, volvió la vista hacia atrás y entonces vio sus propias huellas, una tras de otra, a la misma distancia todas, como si alguien le siguiera sigilosamente los pasos. Como si la soledad viniera husmeándole las huellas igual que un perro invisible.

Entonces sintió que el cansancio empezaba a apoderarse de su cuerpo, mas no de su corazón que siempre palpitaba al ritmo de todos sus anhelos.

«Ya se aproxima el mediodía y empiezo a fatigarme», pensó silenciosamente.

Miró de nuevo el cenit y vio el sol resplandeciente, en medio de un cielo azul limpio de nubes.

«Es mediodía —volvió a pensar—. Pronto vendrá la tarde y me encontrará cansado en mitad del camino. El tiempo está corriendo sin que nadie lo vea.»

Dejó a un lado su cayado y fue a reposar su cuerpo sobre una gran piedra, a la orilla del sendero. El sol seguía rodando lentamente sobre su cabeza. Las hojas de los abetos brillaban como láminas de metal plateado suspendidas en las ramas y la luz se enredaba en la maraña verde de los pinos, como un ovillo de hebras muy delgadas y finas.

Entonces, Abenámar empezó a percibir el aleteo de su propia soledad, como una mariposa invisible, rondándole su espíritu. Y después, en medio de la soledad, crecieron sus cinco sentidos y empezó, de repente, a escuchar el ruido casi imperceptible que hacía el agua al rodar en la escondida fuente. Le pareció familiar aquel murmullo y fue a buscarla porque siempre había creído entender su mensaje.

Al llegar a la fuente, que se deslizaba muy rápida, bajando por el estrecho cauce como una delgada serpiente blanca que no acababa de pasar, Abenámar se quedó contemplándola un rato, sin poder descifrar su lenguaje. No podía separar los monosílabos del agua golpeando las piedras y produciendo ese sonido tan extraño, como las notas de un clavicordio misterioso, del ruido que hacían los grillos agazapados entre el pasto, y del croar de las ranas que se escondían entre los helechos y los tallos de bambú. Sin embargo, muchas veces, cuando era joven y apacentaba sus cabras, había podido entender el lenguaje de sus aguas cristalinas. Era la voz del bosque que se deslizaba, debajo de la corriente, sobre ese lecho de greda amarillenta, una voz delgada que poco a poco se iba haciendo gruesa, hasta llegar al mar y sonar melodiosa y rítmica en el turbulento diapasón de las olas, cuyo mensaje varonil sólo podían entender los marineros y los pescadores sin miedo.

«La voz del agua —pensó— es distinta en el arroyo, porque es delgada y juguetona, como la voz de los niños. A medida que va creciendo en el cauce de los ríos se hace fuerte y medrosa, pero cuando llega al mar cobra una fuerza melódica y un encanto de musical eternidad. El agua es niña en el arroyo, adulta en la turbulencia de los ríos, y fuerte y serena a la vez, en la plenitud del océano.»

Viendo correr el arroyo tímido, escondido entre el verdor de la floresta, temeroso de la mano del hombre y del hocico de las bestias, llegó a pensar:

«Los arroyos, lo mismo que los ríos y los mares, son superiores al tiempo. Pueden reflejar simultáneamente en sus aguas el resplandor de la aurora, el incendio del mediodía, las tenues luces del crepúsculo y el crepitar de las estrellas nocturnas.»

Entonces dijo, hablando en voz alta, en medio de aquella soledad:

—Cosa vana es el tiempo. El cielo está cuajado de estrellas y ellas están ahí desde antes del hombre. Sin embargo, ¿quién ha podido medir en años su existencia? Todas las cosas existen, simplemente. Nacen como el arroyo y mueren como él. La existencia la vamos llenando de experiencias, al igual que un cántaro va llenándose de agua. El tiempo es apenas la sucesión de las cosas que pasan por nuestra vida. ¿Quién puede decir acaso que su vida está llena de minutos? ¡Vana ilusión del hombre! Nuestro cuerpo, como el cántaro de nuestra propia vida, se va consumiendo por el uso. Algún día se consume por completo. Pero el agua contenida dentro de aquella preciosa vasija de arcilla, volverá al mar. La arcilla volverá a la tierra. En realidad, nada se consume definitivamente. Y todo es tan eterno como las estrellas que giran sin cesar en las constelaciones del cielo.

»Vana idea es la del tiempo que nadie ha visto correr ni detenerse. Izcai, mi mujer, todos los días, al amanecer, cuando me ciño la túnica y sujeto las sandalias a la planta de mis pies, suele decirme: "Abenámar, que no te coja la noche en el camino". Pero, ¿qué es, acaso, la noche? No es nada distinto a la ausencia del sol. La Tierra gira incesantemente, al igual que las estrellas, y lo que antes estaba bajo nuestros pies ahora aparece sobre nuestras cabezas. ¿Es esto lo que llamamos tiempo? Hace años, cuando apacentaba cabras, en lugar de recuerdos, podía gritar muy fuerte y mi voz era escuchada y obedecida por aquéllas. Entonces era joven. Ahora apenas puedo pronunciar palabras que el viento rompe y deshace fácilmente. La Tierra ha dado muchas vueltas alrededor y mi cuerpo se ha ido gastando.

»Es verdad: estoy viejo, pero el cántaro de mi existencia está lleno de hermosas experiencias. Nunca me había sentido poseedor de tanta riqueza. Mi espíritu, al igual que el agua pura y cristalina, llena la vasija de arcilla que lo contiene y está a punto de rebosar sus bordes. Es bueno que el cántaro se quiebre si no puede seguir llenándose de ese agua. Que venga, pues, el alfarero y acabe con el cántaro que ha cumplido su misión de llenarse y que construya otros cántaros para que éstos, a su vez, empiecen a llenarse. Éste es el movimiento incesante de las vidas que van fluyendo hacia la muerte para que otras las reemplacen. Dejaremos, pues, la arcilla con la arcilla para que el agua vuelva a ser nube; y la nube se convierta en río; y el río fluya hacia el océano donde toda el agua tendrá que confundirse, antes de volver a iniciar su eterno peregrinaje por la Tierra.

»Y así, como el agua, seguiremos existiendo, por encima de esa gran mentira que llamamos tiempo. Oh, dios Panta, que el tiempo es apenas el movimiento de la Tierra sobre su propio eje. El movimiento de los átomos en las constelaciones de la vida.

Cuando Abenámar pronunció las últimas palabras, la noche había caído ya sobre su rostro. Entonces, Abenámar, al levantarse, sintió más hondamente el ruido del agua corriendo por su delgado cauce. Era el agua de siempre. La misma que había sentido correr desde la infancia en ese mismo arroyo. Había ido hasta el mar y había vuelto a través de la nube.

Entonces, de pie, miró el cielo y lo vio colmado de estrellas. Parpadeaban diminutas entre la oscura inmensidad. Era la primera vez que la noche había caído sobre su rostro, en mitad del camino. La primera vez que no llegaba hasta la gran piedra donde solía tocar su caramillo. Su cuerpo era débil y ya se estaba consumiendo por completo. Pero su alma había crecido tanto que casi llegaba a los bordes del cántaro. Entonces, en lugar de sentirse triste, sintió una inmensa alegría y su rostro se fue iluminando entre las tinieblas de la noche. Había descubierto la primera gran verdad de su existencia.

Al regresar a su cabaña, Abenámar estaba muy cansado y fue directamente a su lecho. Izcai observó que su marido no había probado bocado en toda la jornada, pues en su mochila estaban intactos el pan y el vino del amanecer. Entonces fue hasta su lecho y le dijo:

—Debes de estar muy cansado. Ni siquiera has comido en todo el día.

Abenámar, entonces, haciendo un esfuerzo para vencer el sueño, se incorporó y le dijo a su mujer:

—Es verdad, amada mía. Estoy cansado y por primera vez me sorprendió la noche en mitad del camino. No pude ir a la gran piedra a tocar mi caramillo, pero he descubierto una gran cosa.

Izcai, llena de curiosidad, le preguntó:

—¿Qué has descubierto en el camino? ¿Acaso una nueva planta que cure los males del cuerpo?

Abenámar, sin inmutarse, le dijo:

—No, amada mía. He descubierto una cosa mejor. Algo que puede curar los males del alma. He descubierto que el hombre ha inventado un gran mito. Al observar que el Sol iba y volvía y que en ese ir y venir del gran astro pasaban muchas cosas y el cuerpo del hombre se iba consumiendo, inventó lo que llamamos tiempo. Lo fue armando, como un terrible monstruo que devora la vida del hombre, articulándolo con siglos, con años, con meses, con días, con minutos, con segundos e instantes, como si fueran las propias piezas de su cuerpo. Entonces el hombre sintió miedo de su propio invento. Y se puso muy triste al pensar que terminaría devorándolo.

Luego, después de hacer una breve pausa, Abenámar continuó:

—Cuando apacentaba mis cabras, sentado al pie del abismo, el tiempo no tenía existencia para mí. Las cosas simplemente pasaban. El Sol salía en el Oriente y venía rodando por el cielo hasta ponerse encima de mi cabeza. Era entonces cuando sentía la necesidad de comer el pan de trigo y de beber el vino que tenía en mi mochila. El Sol seguía corriendo hasta sumergirse en el horizonte. Entonces sabía que tenía que regresar a la cabaña, donde tú me has esperado toda la vida con el bálsamo de tu amor. Volvía feliz porque el alma se me había llenado con la música del agua, con la luz resplandeciente de la aurora, con el vuelo de las aves sobre los riscos solitarios, con el correr de los venados

13

bajo la luz tenue de los atardeceres. Traía siempre la ansiedad de estar contigo para ver el resplandor de las estrellas y dormirme entre tus brazos hasta el nuevo día.

»Pero un día empecé a sentir el cansancio, cuando conducía las cabras sobre el desfiladero. Mi voz no salía tan potente de mi garganta como en mis años mozos. Entonces fue cuando tú me dijiste, cuando ceñía mi túnica de lino y calzaba mis sandalias: "Abenámar, que no te sorprenda la noche en el camino". Fue cuando por primera vez sentí que había caminado mucho por la vida, que mis sandalias estaban tan gastadas como mi existencia y tuve miedo de no poder recoger el rebaño antes del anochecer. Por primera vez tuve miedo del tiempo, y pensé en su existencia. Entonces empecé a medir mis pasos y a mirar hacia atrás para contemplar la huella que iban dejando mis sandalias. Y siempre me decía: es poco lo que he andado y mucho lo que me falta por llegar. Pero ahora te digo, amada de mi alma, que nunca es tarde para llegar a la gran piedra y menos para tocar el caramillo.

II. En el bosque

A l día siguiente Abenámar despertó más temprano. Pero no tuvo prisa de partir. Ya no quería ir a los riscos donde años antes solía apacentar sus cabras. Prefirió ir al bosque, en busca del nacimiento del arroyo. Ciertamente, a él, a sus aguas eternas, le debía el conocimiento de la primera verdad: el tiempo es simplemente la sucesión de las cosas y no las cosas mismas. Luego la vida no se va llenando de tiempo sino de las huellas que van dejando las cosas. Y al conjunto de estas huellas lo llamamos experiencia.

Con este grato recuerdo del arroyo, Abenámar había descubierto, de pronto, una segunda gran verdad: todas las cosas que nos rodean nos dicen un mensaje. De todas podemos aprender. Ellas nos hablan sin palabras. Su lenguaje es recóndito. Es apenas la comunicación íntima con ellas. Basta observarlas, poseerlas con nuestros cinco sentidos, llevarlas al fondo de nuestro entendimiento, hacerlas nuestras y confundirnos con ellas. En esto se halla el principio de la sabiduría.

Cuando el Sol había avanzado un poco, Abenámar llenó la mochila y se encaminó hacia el bosque.

En el camino vio posado sobre un abedul a un hermoso ruiseñor. Estaba sobre la rama, como un ovillo de luz, lanzando su canto a la mañana. Era tan esbelto y tan delicado que parecía el propio fruto del árbol, y su canto tan dulce y melodioso que parecía más bien la savia del árbol fluyendo al aire en forma de sonidos. El ruiseñor estaba saludando al Sol, al cielo azul, al pasto verde que crecía en los alrededores, a toda la naturaleza, y su canto era la manera de expresar la propia felicidad, el júbilo del vivir, la gran satisfacción de saberse parte de esa misma naturaleza que estaba saludando.

Abenámar, mirando ese pequeño milagro de plumas relucientes, ese pequeño ser tan grande como su propio corazón, se dijo para sí:

«En verdad, no hay en el mundo un lenguaje mejor para expresar la alegría de vivir que este canto del ruiseñor. No hay palabra, poema, ni sonido articulado más sincero y elocuente para expresar el gozo de la vida y el amor a la naturaleza que estos melódicos sonidos que el ruiseñor está produciendo con todo su ser.»

Y entonces, arrullado por ese canto melodioso, siguió ascendiendo la montaña escarpada y el camino se le hizo más suave y los arbustos secos y las piedras grises tomaron para él formas y colores que jamás los había visto en toda su existencia.

Más adelante, cuando estaba próximo a llegar al bosque, vio pasar por encima de su cabeza una bandada de palomas. Se deslizaba por el aire diáfano, en un vuelo de tal serenidad, que Abenámar pensó que eran sus propios pensamientos que se le habían escapado para tomar aquellas alas quietas extendidas sobre la inmensidad del cielo azul. De repente subían o bajaban, entre el aire limpio, haciendo leves movimientos con sus alas, haciendo girar el pequeño huso de sus cuerpos, para dejarlas nuevamente extendidas e inmóviles en el espacio, como si en verdad la bandada de palomas hubiera entrado de repente en un sueño sin límites y se dejara arrastrar por el viento sobre las inmensidades del cielo.

Entonces, Abenámar, viéndolas en la infinita placidez de su vuelo, se dijo a sí mismo:

«En verdad, no hay en el mundo un lenguaje mejor para expresar la sensación de plenitud, de paz y de serenidad, como este vuelo tranquilo de las palomas blancas.»

Abenámar siguió caminando hasta llegar al bosque. A medida que se iba aproximando llegaban hasta él sus aromas silvestres. Muy pronto percibió el extraño y misterioso murmullo de la vida que germinaba debajo de su espeso follaje. Ese extraño océano de ruidos diminutos: las hojas que caen lentamente sobre el légamo fresco; el fruto que se desprende y cae lleno de madurez y de aromas; el pájaro que roza con sus alas el verdecido follaje; las cigarras cantando, escondidas entre los troncos umbríos; las aguas del arroyo deslizándose sobre las piedrecillas o precipitándose en diminutas cascadas; el paso lento y cauteloso de los mastines y de los venados; la marcha ordenada de las hormigas por entre los desfiladeros de la tierra húmeda y la hojarasca seca; las abejas zumbando en torno a la flor que se abre hermosamente ofreciendo su néctar con el mismo esplendor con que la mujer amada nos entrega su cuerpo y su alma, todo ello formando esa extraña sinfonía que es el lenguaje mismo del bosque, misteriosa mezcla de silencios profundos y murmullos alegres, tristes, sutiles y medrosos, que ningún

17

genio de la música ha podido ordenar en ningún pentagrama.

Abenámar penetró en el bosque con el alma limpia y en sus ojos se le reflejaba el gozo del ruiseñor y la serenidad del vuelo de las palomas. Se adentró en él como el amante que quiere penetrar por los secretos y delicados caminos del alma de la mujer que ama. Sus pasos fueron muy suaves, como si tuviera miedo de pisar las hojas secas. No quería destruir con su sandalia la más leve forma del bosque ni el más pequeño de los insectos. El bosque para él era como un templo de la vida, un santuario del universo, algo muy hermoso en donde la naturaleza ha reunido lo mejor, un lugar íntimo como una axila siempre perfumada. Percibió su humedad embrujadora y llegó a él su aroma como un suave e incitante olor a doncella dormida.

Entonces sus ojos tuvieron una nueva dimensión, como para poder ver que todavía había gotas de rocío sobre las ramas y las hojas y que en cada una de ellas resplandecía el universo y giraba la vida penetrada de honda poesía. Eran como miles de ojos limpios y transparentes en los que podía reflejarse no sólo el verdor del follaje y el movimiento de todos los seres, sino también la dimensión de la soledad y el sentido del silencio.

Abenámar siguió caminando, por entre la maraña de los árboles, que estaban allí desde hacía siglos, naciendo y muriendo, cayendo y levantándose. A cada momento sentía que penetraba más hondo en el espíritu del bosque. Y fue sintiendo sobre su propio cuerpo la humedad de su follaje y se inundó completamente de sus ruidos, de sus perfumes, de sus silencios, de su penumbra. No sabía si, en verdad, el bosque se le había metido en el espíritu o si, por el contrario, su alma había penetrado en el bosque y lo había poseído por completo. El bosque era él mismo: Abenámar. Su alma se confundía con el bosque en su común penumbra. El uno era el espejo de la otra. Por eso Abenámar vio en toda su dimensión y por primera vez los árboles verdecidos de sus propias esperanzas, los troncos caídos de sus sueños truncos, el agua cristalina de sus pensamientos, los ruidos medrosos que hacían sus recuerdos al rodar por la pendiente de la vida, las abejas inquietas de su imaginación fecundando los sueños y, sobre todo, la inmensa soledad de su alma que se solazaba en contemplarse en medio de la humedad y del silencio. El bosque, en síntesis, era su espíritu, con el aroma silvestre y la serenidad de los árboles tranquilos, con el misterio de sus sombras cayendo sobre el cauce del arroyo y con la perplejidad huidiza y transparente, a la vez, de las gotas del rocío brillando suspendidas de las hojas.

Abenámar, reconociéndose en el bosque, se sintió muy liviano. Tuvo la sensación de que su cuerpo se había diluido en el bosque. Entonces, resolvió sentarse en un tronco que desde hacía muchos años lo estaba esperando, como el sitio reservado que ha estado esperando durante mucho tiempo al creyente que ha de venir un día.

Se vio de pronto metido en una inmensa catedral cuyas columnas eran aquellos gruesos troncos y cuyos vitrales eran los follajes por donde se filtraba avaramente la luz dorada del día y por donde, también, podía verse un pedacito de cielo azul. Le pareció que la música litúrgica era producida a su lado, a todo lo largo del bosque, por el hermoso caramillo de la fuente y por las flautas melancólicas de las cigarras y de los grillos. Desde ocultos y misteriosos sahumerios venía un aroma exultante y purificador que jamás se le había tributado a ningún dios.

El bosque era un templo donde sus oficiantes nunca pedían dádivas sino que, por el contrario, entregaban al hombre y a los animales todos sus frutos. Ni siquiera las esencias que ofrendaban eran producto de la dádiva. El bosque era el templo, pero el dios lo era todo: la tierra, los árboles, los animales, los colores, los sabores, los aromas. Todo allí era una gran unidad para deleite y goce de todos los sentidos.

Abenámar fue entrando, entonces, en esa especie de éxtasis que consiste en la comunión con la naturaleza. Un rayo de luz, filtrado a través del follaje, hizo brillar muy cerca, en el ramaje de un samán, los hilos resplandecientes de la tela de araña. Se tendían, tensos y delgados, sobre el aire transparente, formando una especie de cometa encantada, dejada quizá por un duende, enredada en las ramas de aquel árbol, después de un largo juego con el viento y la música. Abenámar se quedó mirándola embelesado y vio cómo la diminuta araña corría, de un lado hacia otro, fabricando su tela, sacándola de sí misma, de sus propios telares interiores, como un pequeño dios creando un mundo con su propia sustancia.

Entonces, Abenámar reafirmó la idea de que el bosque era el más bello de los templos del mundo y que en él la naturaleza había reunido lo mejor de sus formas, lo más hermoso de sus colores, y lo más rico y

20

delicado de sus aromas y de sus sonidos, para que, en él, el hombre pudiera disfrutar la embriaguez de todos sus sentidos.

Abenámar, contemplando la labor incansable de la araña, observando el resplandor de sus hilos de seda, fue sintiendo cada vez más que su cuerpo se hacía más liviano y terminó por quedarse dormido, mientras la araña inquieta de su pensamiento fue tejiendo la tela de sus sueños.

Cuando Abenámar despertó, la noche había caído sobre el bosque y sus ruidos se habían aplacado. El universo dormía en su más profunda y misteriosa placidez. Al salir del bosque, contempló el cielo estrellado y pudo ver desdibujado entre la noche el sendero que lo llevaría a su cabaña.

III. Detrás del lucero

Izcai le estaba esperando, con un poco de temor, pues la noche había avanzado sin que Abenámar se hubiera dado cuenta, y por aquellos parajes a veces merodeaban los lobos hambrientos.

Cuando hubo llegado a la cabaña, Izcai lo tomó en sus brazos y, besándole, le dijo:

—Desde las primeras horas de la tarde te estaba esperando con ansiedad, mi pequeño pastor. Cuánto he sufrido al ver que la noche descendía sobre los cerros y que las sombras se iban extendiendo por los valles. Cada hora que pasaba era como un siglo de ansiedad. A medida que vamos envejeciendo, siento que más te necesito. El amor es como el vino: con el paso del tiempo se hace más noble y cada vez vamos catando mejor su aroma y su sabor.

Entonces, Abenámar, besándole la frente, le dijo:

—No olvides, mujer mía, que el tiempo no existe. Lo que existe es la huella de los pasos que vamos dejando por la vida. Nuestras existencias no están llenas de tiempo sino de nuestras propias experiencias. Y nuestro amor es grande no porque el tiempo haya pasado, como acabas de decir, sino porque ha venido llenando nuestras vidas hasta rebosarlas por completo. Por eso nuestro amor no ha envejecido; por el contrario, está mucho más fresco y lozano que al principio.

Izcai no replicó nada, pero le trajo una túnica limpia y le dijo:

—Debes cambiarte esa túnica; está sucia y desgarrada.

Y luego le invitó a la mesa y ambos comieron el pan que ella había amasado con sus manos y la miel que había extraído de los panales de su huerto.

Abenámar le dijo, mientras bebían el postrer vino:

—Esta tarde me he quedado dormido en el bosque. Soñé que un lucero muy hermoso y muy grande se posaba sobre él y lo inundaba de una luz resplandeciente. Entonces, todo el bosque se fue quedando quieto y se hizo un silencio tan hondo que sentía los latidos de mi propio corazón y el correr desbocado de mi sangre. Después escuché una voz muy extraña que salía del centro del bosque para decirme lentamente: «Abenámar, mira ese lucero que brilla por encima del follaje. Míralo bien y síguelo». Entonces todos los árboles temblaron y el murmullo del agua en el arroyo fue como una melodía de arpas celestiales y las gotas del rocío copiaron el resplandor de ese astro misterioso. Luego, miles de voces, provenientes de todos los árboles, repitieron a coro: «Abenámar, sigue siempre ese lucero». Entonces desperté y salí del bosque purificado por el sueño.

Izcai se llenó de tristeza y sus ojos de lágrimas. Sabía que Abenámar amaba las estrellas y sintió celos del lucero. Sabía también que desde hacía varios años había adquirido la costumbre de ir hasta los altos riscos, donde antes apacentaba sus cabras, sólo para ver las constelaciones brillando en el infinito y silencioso firmamento. Y cada vez que ella le decía, a manera de suave reproche, «Abenámar, ¿a qué vas a los riscos, si ya no tienes cabras para apacentar?», él le respondía:

—No voy a apacentar las cabras; voy a apacentar mis recuerdos bajo el fulgor de las estrellas. La soledad y el silencio de la noche aplacan mi espíritu y me hacen pensar en las cosas amables y bellas de la vida.

Entonces, Izcai no pudo contenerse y le dijo a su anciano marido:

—Ya es muy tarde para creer en los sueños. Ha llegado la hora de vivir siempre despiertos. La senectud es un estado de vigilia.

Abenámar apenas sonrió y acariciándole los cabellos le dijo:

—Hay dos clases de seres en el mundo: los que sueñan y los que han dejado de soñar. Triste es llegar a la vejez después de haber perdido la ilusión. Mientras vivamos acariciando un sueño podemos sentirnos jóvenes. Porque la juventud está en eso.

Entonces, Izcai apeló al argumento del temor y le dijo:

—Los caminos están infestados de ladrones que pueden hacerte daño. Ya no puedes defenderte, como cuando eras joven.

Abenámar, con una gran impaciencia ante el ser que más amaba en la vida, replicó:

—Los ladrones siempre buscan el oro de los caminantes. No tengo nada que me roben. Voy detrás de un lucero y no está al alcance de los malhechores. Lo único que llevo es un sueño, metido en el espíritu, y a los ladrones no les interesan los sueños.

24

Entonces, Izcai, perdiendo el control de sus ocultos sentimientos, dejó escapar la verdadera razón, que llevaba escondida en lo más íntimo de su corazón:

—No quiero que me dejes, bienamado. Ven conmigo que el único sueño de tu vida ha sido nuestro amor.

El anciano se estremeció al escuchar estas palabras pero, conteniendo el llanto, próximo a brotar de sus ojos, volvió a decir:

—Nuestro amor no ha sido un sueño. Ha sido, por el contrario, la más bella realidad. Quiero ir detrás del lucero hasta alcanzarlo para ponerlo a tus pies.

Entonces Izcai, dudando del juicio de su marido, le dijo:

—Abenámar, ¿estás seguro de que el lucero del sueño está brillando en el cielo?

Abenámar la tomó de la mano y juntos salieron al patio de la cabaña. Allí, en medio de la noche, le dijo:

—Mira ese lucero. Es el más grande y hermoso de todos cuantos están brillando. Es el mismo que vi en el sueño del bosque.

Entonces, Izcai lo vio por vez primera y le dijo, con los ojos bañados en lágrimas:

—Es verdad, mi pequeño pastor. Nunca lo había visto antes. Aunque me duela tu ausencia, comprendo que debes partir. Algo bueno debe tener ese sueño que has tenido en el bosque.

Abenámar volvió a mirar el cielo y vio que el lucero se hacía cada vez más grande y más resplandeciente. Entonces sintió que su espíritu también estaba creciendo, como el lucero, y empezó a sentirse muy joven. Izcai lo miraba, sorprendida, y escuchó su voz tan clara y armoniosa como en sus mejores días. Le miró luego a sus ojos y los vio tan brillantes y joviales como cuando le conoció tocando el caramillo en los días de su juventud. Entonces se dijo para sí:

«Todavía tiene fuerzas para soñar. Y cuando sueña me da la sensacion de que su alma reverdece».

Y ambos fueron a dormir, en silencio, llenos de un amor tan grande como la inmensidad de la noche estrellada.

Al día siguiente, Izcai madrugó con la aurora y llenó la mochila de Abenámar con queso, pan, miel y vino.

El anciano tomó su bordón, su mochila, su escudilla y su sombrero de peregrino y marchó en dirección al lucero que había visto brillar la noche anterior.

Izcai lo vio partir en silencio, hasta que lo perdió de vista. Tuvo una mezcla de pesar y alegría, porque si bien era cierto que Abenámar la dejaba sola por un tiempo, también era verdad que el lucero de su sueño empezaba a brillar en las constelaciones del cielo. Ella lo había visto por primera vez y la había seducido por su incomparable belleza.

Esa noche, después de observarlo ambos durante un rato, en un silencio que los unía más que todas las palabras y todas las caricias, Izcai vio que del rostro de su marido emanaba un extraño fulgor de juventud. Y esa mañana, al partir, observó que sus pasos eran seguros y firmes y que su cayado sólo le servía para ennoblecer su figura de viejo peregrino.

Entonces, cuando ya no le vio más porque los árboles y los peñascos empezaron a ocultarlo, volvió a decir, en medio de un suspiro:

—Todavía tiene ánimos para soñar. Ahora le amo más que antes porque me ha enseñado muchas cosas. Ahora le amo con sus sueños, porque son parte de su espíritu. Y aunque sufra su ausencia, estoy segura de que volverá con el lucero. Cuando se ama de verdad todo nos parece posible.

Y luego entró en su alcoba, a la alcoba de ambos, y arrojándose en el lecho se entregó al llanto. Sin embargo, siguió sintiendo esa extraña mezcla de dolor y alegría.

IV. En el valle

Abenámar avanzaba feliz por el sendero. A cada paso que daba sentía que su cuerpo se le llenaba de fuerza y su corazón de esperanza. Hasta que llegó a lo más alto de aquellos riscos, hasta el propio picacho donde él había pasado la vida apacentando sus cabras y tocando su amable caramillo.

El viento del mediodía soplaba suavemente y le rizaba los cabellos. Entonces Abenámar, contemplando la inmensidad de los parajes que se presentaban ante su vista, los ríos plateados que brillaban en la lejanía, las hermosas montañas que se levantaban a cientos de kilómetros con el esplendor de sus cúpulas azules, se dijo para sí:

«Qué grande es el mundo y qué pequeños somos nosotros ante él. Cuánto tiempo he pasado en estos riscos, sentado en esta piedra, contemplando únicamente las estrellas. Esto ha sido el mundo para mí. ¿Pero es acaso justo que yo haya dedicado mi juventud a apacentar las cabras y que luego dedique lo que aún me queda de la vida sólo a apacentar recuerdos? El horizonte tan vasto, que se extiende a mis pies, me convida a conocerlo. Debo buscar la compañía de los hombres. Quizás alguno de ellos me diga que también se puede ser feliz de otra manera distinta a como yo lo he sido. Ciertamente, he encontrado la felicidad entre la soledad de estos riscos, teniendo por única compañía el fulgor de las estrellas, el balido de las cabras y la música de mi dulce caramillo. ¡Ah!... pero también, gozando de las caricias y de los cuidados de Izcai, mi bienamada. Quizá por ello he gozado con todo eso. En verdad, el amor es un prisma a través del cual he podido sentir todas las bellezas de esas cosas que me rodean. Sin él, las estrellas hubieran seguido brillando en el cielo, muy lejos de mi espíritu; los riscos me hubieran parecido yermos desolados; el balido de las cabras hubiera molestado mis oídos e impacientado mi corazón y los sones de mi caramillo hubieran terminado por cansarme. Pero todo ha sido hermoso porque las cosas han entrado por mis cinco sentidos, acompañadas por el impalpable y leve aleteo del amor.»

Entonces, al pensar en Izcai y al saber que cada paso que daba en busca de los hombres le iría alejando de ella, sintió un pesar tan hondo que el corazón le golpeó como una piedra arrojada con fuerza sobre su propia vida. Pero luego se dijo, mirando las huellas que iban dejando sus sandalias en el polvo:

«La distancia es como el tiempo. Podemos medirla sólo sobre las cosas materiales, tal como las horas son medidas por las gotas de agua que van cayendo en la clepsidra o por la arena que fluye sobre el fondo del reloj. Pero ¿quién mide las distancias del alma? Puedo estar muy lejos de Izcai, pero siempre estaré cerca. Mientras se conserve nuestro amor, estaremos unidos y nada nos separará. Cuando dos seres se aman no existe la distancia. En cambio, cuando ha muerto, podemos compartir el lecho y estar, a la vez, tan distantes como dos estrellas de diferentes galaxias.»

Y pensando en esto y sintiendo aún más las caricias de Izcai sobre su rostro, inició el descenso hacia el lejano valle que apenas alcanzaba a divisar, bañado en sombras ocres, al final de los riscos escarpados.

Todo el día estuvo caminando por entre los despeñaderos, contemplando los abismos tan hondos como los de su propio espíritu. Y se dijo nuevamente, haciendo un leve descanso, al pie de un olmo viejo:

«Los hombres no han medido aún la profundidad de todos los abismos de la Tierra. Y menos aún los abismos del alma. Prefieren el verdor de los valles y la comodidad de las ciudades. Se amontonan en ellas, porque sienten miedo de sí mismos. No quieren sentir el vértigo que producen las altas cumbres ni saber nada de la piedra que rueda, dando tumbos, hasta perderse en la hondonada. No quieren la soledad porque en ella pueden ver los abismos de sus almas, ni aman el silencio porque en él pueden escuchar el misterioso gemido del viento que ronda en torno a sus existencias.»

Cuando Abenámar llegó al valle, la tarde había caído por completo. Entonces volvió a ver el cielo estrellado. Era diferente al cielo de los riscos. Lo veía más distante y recortado por los picachos que horas antes había abandonado. Recordó que desde la gran piedra, en la cúspide rocosa, podía verlo sin más limitaciones que las de su vista. Además, no le distraían todas esas cordilleras y montañas que se alzaban sobre el valle, encerrándolo como si fuera una bandeja de porcelana verde.

A pesar de estar viendo un cielo recortado por las

altas montañas, Abenámar volvió a ver el lucero de su sueño. Lo estaba viendo temblar sobre la cima de la montaña más alta. Estaba muy distante. Más distante que cuando lo contempló por vez primera, porque antes las distancias las veía en el cielo, desde la altura de sus riscos. Ahora sabía que más allá del valle había una pequeña montaña y detrás otras, hasta llegar a la más alta. Y pensó, además, que tenía que escalarlas todas en interminables jornadas de fatiga por caminos abruptos y escarpados. En cambio, la primera noche lo había visto tan cerca que le parecía que podía tocarlo con la mano.

El lucero estaba ahora tan lejos porque desde la Tierra las distancias se alargan. En el firmamento todas las distancias son cortas. A veces nos parece que una estrella dista de otra unos pocos centímetros. Pero ya había iniciado la marcha detrás del hermoso lucero. Había que seguir y por primera vez se preguntó:

«¿Alcanzarán acaso mis fuerzas hasta el final de la jornada? Pocos años me faltan para volver al seno de la tierra. ¿No habrá sido muy osado que a mi edad, cuando el cuerpo está cansado y la fatiga empieza a apoderarse de los músculos, haya emprendido esta tarea?»

Pero entonces pensó, para sepultar su propia duda:

«En verdad, nunca antes había visto ese lucero. ¿Cómo iba, pues, en busca de lo que yo no conocía? En verdad, jamás había tenido el sueño y tampoco había escuchado la voz del bosque, que me lo hizo conocer y que me ordenó seguirlo.»

Abenámar, entonces, sintió un estremecimiento en el cuerpo y en el alma y por primera vez escuchó la voz de su conciencia, que era igual a la del bosque, con sus mismos sonidos, tal como la había escuchado en el sueño. Y oyó que le decía:

«Abenámar, miserable mortal, ¿quién te ha dicho que el lucero aparece en el cielo cuando el hombre lo desea? Para poderlo ver se necesita haber recorrido los turbulentos caminos de la juventud, haber bebido locamente en la fuente de todos los placeres, haber dudado de las cosas, y ascender en plena soledad hasta la cumbre de la serenidad. Eso, Abenámar, muy pocos lo han logrado. Tú lo has alcanzado, después de muchos años de meditación, después de haber apacentado cientos de rebaños de cabras y cientos de rebaños de recuerdos. Por eso ahora tienes ojos para verlo y voluntad para seguirlo. Sin embargo, el lucero está brillando en el cielo desde el principio de los siglos. Para verlo sólo has necesitado la pureza de tus ojos que apenas son el reflejo de tu vida limpia, de tu corazón tranquilo y de tu voluntad inquebrantable.

»Los caminos para seguirlo son los caminos de la fe. No necesitas de la fuerza de los músculos sino de la fuerza interior que te da tu experiencia, acumulada en toda una vida, como el agua transparente que ha ido llenando el cántaro de tu existencia. La distancia que ves entre tú y el lucero, sólo la puede medir tu deseo de alcanzarlo. Es la única medida en el mundo intangible de lo eterno. La fuerza que te mueve para ello es la fe, que mueve el mundo inescrutable del universo de tu espíritu. Síguelo, Abenámar; yo te lo ordeno. Síguelo, aunque todos duden de que existe. En realidad, el lucero no existe para los que te lo reprochen. Síguelo, pues, que ese lucero se llama El Ideal.

»Al final de la jornada no habrás logrado alcanzarlo, pero lo verás más grande y más resplandeciente y te sentirás dichoso de haber hecho una jornada tan difícil sólo por poder contemplar su luz, que tampoco podrás tocar ni encerrar en un cofre, pero que te dará mayor serenidad y hondura antes de consumirte y de volver al seno de la tierra. Entonces tu descenso será tranquilo y dulce porque habrás logrado ver la luz más grande y más hermosa de todo el universo.»

Abenámar se quedó dormido, escuchando esa voz misteriosa. Y cuando despertó, no logró saber en realidad si era la voz del bosque o la voz de su conciencia. Tampoco supo si todo lo que había visto y oído era el producto de un nuevo sueño o si, por el contrario, había sucedido en la vigilia.

V. En la abadía

A benámar abandonó entonces el valle y empezó a ascender por la pendiente, en dirección a la montaña, donde había visto brillar el lucero la noche anterior.

El cielo había amanecido levemente teñido de una tenue luz rosada y las bandadas de pájaros ya surcaban el aire lanzando sus cantos. A diferencia de los riscos, la tierra era muy fértil y por todas partes brotaban, ante la vista de Abenámar, toda clase de árboles y flores. Por todas partes, también, había pequeños bosques y se escuchaban las voces murmurantes de los arroyos.

A veces, Abenámar se detenía, no tanto para descansar como para contemplar el despeñarse del agua en hermosas cataratas, cuyo rumor iba creciendo en el aire hasta llegar como una oleada de sonidos y sobrecoger el espíritu, o para contemplar extasiado la pequeña laguna donde las garzas y los cisnes dibujaban en sus aguas la elasticidad de sus cuerpos delicados. A veces, también, lo atraían cosas más pequeñas, cosas que el viajero común pasa por alto, como la ronda de las mariposas, el inquieto volar de las abejas en torno de las flores, o la habilidad de la araña, corriendo en pos de su presa sobre los hilos de su propia tela.

Contemplando el desfile interminable de las hormigas sobre el camino, todavía húmedo por el rocío, Abenámar pensó:

«Nada hay más hermoso que el trabajo que se hace con verdadera devoción. Para estos pequeños animales el trabajo puede ser algo así como un instinto, pero es a la vez algo más hondo: es su forma de ser. No se concibe en su organización un ser que no trabaje y todo lo tienen tan ordenado y tan dispuesto que sus comunidades son perfectas. No tienen holgazanes ni hay razonamientos para no trabajar. Para ellos, vivir es trabajar. Sólo entre los hombres se ha dicho, por algunas religiones, que el trabajo es un castigo. Pero, en verdad, ¿habrá mayor felicidad en el mundo que trabajar en aquello que se ama? Yo amaba mis cabras y cuidaba de ellas con ternura. He amado las altas serranías y a ellas he vuelto a contemplar las estrellas y a tocar mi caramillo. Y pienso que el zapatero debe ponerle el mismo amor a las sandalias que fabrica como el alfarero a sus cántaros y el poeta a sus cantos. Cuando se piensa que todo ello es útil y que, además, es hermoso, se siente el mismo hálito que debió sentir Dios el día de la Creación. Porque todos, desde el herrero hasta el músico, vamos sacando las cosas de la imaginación, donde han estado antes de tener su realidad tangible.

»Esta hormiga que ahora veo, perdida entre todo el enjambre que se mueve como un río, lleva a cuestas un trocillo de madera más grande y más pesado que su propio cuerpo; pero tiene la fuerza suficiente para arrastrarla hasta sus cuevas. Allí todo el fruto de su esfuerzo será de la comunidad. Y aquellas otras vienen jadeantes empujando difícilmente el cadáver de una araña para que todas se alimenten. Para ellas el trabajo es de todas, lo mismo que los frutos.»

Abenámar, después de contemplar un rato el enjambre de las rojas hormigas, y de regocijarse con el empeño que ponían a todas sus labores, siguió ascendiendo a la montaña por el camino solitario, bordeado de toda clase de árboles frutales y de vistosas flores, en donde la imaginación podía agotarse antes de que se agotaran las formas y los colores que la naturaleza había regado por todas partes.

Al mediodía, Abenámar divisó, en una de las colinas más cercanas, una vieja abadía. Era la primera construcción que veía en aquellas soledades, después de varios días de camino.

Entonces se dirigió hacia ella, porque anhelaba la compañía de los hombres.

Con los primeros resplandores del crepúsculo, Abenámar llegó hasta su propia puerta herrada y tocó repetidamente. Después de un buen rato en el que Abenámar se sintió varias veces observado desde las altas ventanillas, a través de las discretas celosías, escuchó una voz a través de la puerta:

—¿Quién sois?

—Abenámar —respondió el cabrero.

—¿Y qué hacéis?

—Soy un pobre peregrino.

—¿Y qué queréis?

—Quiero posada. Vengo fatigado y hambriento. He caminado varios días, desde los más altos riscos.

—¿Y hacia dónde vais?

Abenámar no supo qué responder por el momento. Se le hizo un nudo en la garganta y terminó por callar. ¿Acaso era aceptable decir que iba detrás de un lucero? ¿A quién podía caberle en la mente que un hombre, un pobre cabrero, y por demás viejo, podía hacer jornadas tan duras, sólo por seguir la luz de una estrella? ¿No era esto una locura?

Pero la voz del monje volvió a escucharse a través de la pesada y herrumbrosa puerta de la vieja abadía:

—¿Hacia dónde vais, buen caminante?

Abenámar volvió a vacilar. No se le había ocurrido, hasta ahora, que le pudieran hacer esta pregunta. Entonces, haciendo un gran esfuerzo, musitó tímidamente, como por decir algo:

—Voy al castillo a ofrecer mis servicios.

La voz del monje volvió a sonar curiosa y desconfiada:

—¿Qué clase de servicios prestáis vos?

Abenámar estuvo a punto de decir que su oficio era el de cabrero, pero pensó que en el castillo no había cabras y que, además, su edad lo relevaba por completo de este oficio. Entonces, esculcándose otras habilidades, volvió a decir muy inseguro:

—Soy tañedor de caramillo.

Pareció tan ingenua la respuesta de Abenámar al monje portero, que éste no vaciló en abrirle de par en par las puertas de la abadía, movido más por la curiosidad que por el deseo de servir:

—¿Tañedor de caramillo? ¿Y qué oficio es ése, peregrino? ¿Creéis que con tocar esa modesta caña podéis divertir a los príncipes y a las princesas que habitan los castillos? Pero, pasad, que además de tonto, sois demasiado viejo y la brisa de la tarde os puede hacer daño.

Entonces, Abenámar entró, sin decir nada al monje, pero pensando que la acogida que allí se le brindaba venía adobada con cierta dosis de desconfianza, curiosidad y desprecio.

Desde que Abenámar entró en la abadía, empezó a sentir un acentuado olor a incienso y a mirra. Permanentemente ardían en las veladoras y candelabros las velas perfumadas y en los dorados sahumerios las esencias aromáticas. La abadía estaba toda construida en piedra, era muy grande y tenía salones amplios, varios patios con fuentes, surtidores de agua y pozos con brocales de piedra tallada pero, sin embargo, estaba inundada por todas partes de una misteriosa penumbra donde el eco de todas las sandalias y el leve susurro de las voces corrían por el aire con la solemnidad de una sentencia bíblica. A veces llegaba a sus oídos, colándose por entre las naves penumbrosas y las arcadas de piedra, el sonido de un clavicordio tocado con desgana. Otras veces era un laúd el que entonaba olvidadas baladas que venían, de generación en generación, desde la época de la última Cruzada.

Cuando Abenámar penetró en el refectorio, al anochecer, todos los monjes estaban reunidos, sentados en sus toscos bancos de madera, con las manos cruzadas sobre el pecho, en un silencio tan hondo que la noche misma sentía miedo de la mudez de los hombres. ¿Meditaban, acaso en las cosas profundas de la vida y de la muerte? ¿Trataban de comunicarse con Dios a través de sus hondas cavilaciones? No; apenas observaban a Abenámar, desde el pináculo de toda su sabiduría, como una fila de lechuzas silenciosas y atentas a todo movimiento.

Así se sintió observado el humilde cabrero.

Abenámar ocupaba entre todos un sitio y su túnica de lino blanco, raída por el uso y un poco sucia por el largo deambular por caminos polvorientos, hacía un raro contraste con aquel oscuro mar rizado de hábitos color sepia.

Todos permanecían en silencio, inmóviles, como iconos puestos allí, en el refectorio, para darle ambiente místico a la vieja abadía. Hasta que llegó el abad, con un largo manto de color gris y una tiara morada, seguido por otros monjes de edad. Colocándose en el centro de la mesa, bendijo el pan y el vino que habían puesto, como único manjar, y luego cantaron salmos y dijeron en coro oraciones en latín culto.

Después volvieron al silencio y luego de beber el vino se retiraron, en ordenada formación, hacia sus celdas.

Abenámar nunca había entrado en una abadía. Tampoco sabía nada de los templos cristianos. Apenas conocía la mezquita donde su padre solía llevarlo de niño. Nunca había vuelto a ella porque la más cercana a su cabaña distaba unas seis horas a buen caminar. Además, no tenía necesidad de ir a la mezquita para sentir a Dios brillando en la luz de sus estrellas.

El abad se acercó lentamente a Abenámar y con gran solemnidad le dijo:

—Hijo mío, cuando se entra a una abadía es necesario rezar.

Abenámar sintió miedo de las palabras del abad y dijo con gran timidez, como quien confiesa la más grave de sus culpas:

—Señor, no sé rezar.

La cara se le llenó de rubor y nuevamente sintió que un nudo grueso se le hacía en la garganta y le impedía continuar hablando. Hubiera querido explicarle al abad que sus padres eran musulmanes y que, por lo tanto, no sabía ninguna oración cristiana. Pero rápidamente pensó que el argumento no valía de nada porque tampoco conocía las oraciones que los musulmanes le dirigen a Alá en sus mezquitas.

Entretanto, el abad, entre indignado y sorprendido, le decía a Abenámar:

—Peregrino: para estar en comunicación con Dios es necesario rezar. La oración es nuestro mejor medio para llegar a Él.

Abenámar pensaba, entre tanto, que para estar con Dios no era menester aprender parrafadas en latín ni en ningún otro idioma, ni poner los ojos en blanco, hincarse de rodillas, cruzar los brazos sobre el pecho, ni tantas otras cosas que había visto hacer a los monjes. Pensó entonces en los pájaros, que para comunicarse con Dios sólo necesitan de su canto, o en las flores que lo hacen a través de su perfume.

Entonces, pensando en el canto de los pájaros, Abenámar recordó en ese instante su oficio de pastor de cabras y sacó el caramillo de su raída mochila y se puso a tocarlo, ante los ojos asombrados del abad, con tal sentimiento y tal ternura que toda la abadía se inundó con sus notas y todos los monjes salieron de sus celdas y vinieron a verle, en gran silencio.

El abad se sintió muy conmovido y le dijo:

—Peregrino, tocas muy bien el caramillo. Todos estamos admirados de tu destreza, pero mejor sería que aprendieras a rezar.

Y diciendo esto le dio las buenas noches al cabrero y todos se fueron a dormir.

Aquel amanecer, antes de que el alba despuntara, Abenámar se levantó y fue al jardín a respirar el aire puro. El aire de la abadía que circulaba en los salones, en los corredores, en el refectorio, en la capilla, era un aire pesado y hostigante, demasiado penetrante por el olor de las esencias aromáticas que permanentemente ardían en los sahumerios, veladoras y candelabros. Era más grato y suave el aroma del bosque.

Paseando por los jardines, que eran muy extensos y estaban sembrados con rosas, alelíes, dalias, claveles, amapolas, girasoles y margaritas y sombreado por árboles frutales de todas clases, Abenámar vio pasar esa mañana a un grupo de monjes que venían azotándose desde sus propias celdas. Tenían las espaldas desnudas y por ellas chorreaba en abundancia la sangre que brotaba de las heridas que se hacían con fuetes de muchos ramales, cuyas puntas estaban terminadas con bolas de acero provistas de púas. Venían uno tras otro, lentamente, apretando las mandíbulas para no dejar escapar ni un solo gemido.

Abenámar preguntó qué objeto tenía esta extraña ceremonia. El monje que iba delante de todos y que parecía el de mayor edad, le dijo desdeñosamente:

—Eres muy ignorante, peregrino. ¿Acaso no sabes que la mortificación y el sacrificio son caminos que conducen a Dios? ¿Acaso no sabes que la carne debe ser castigada para que el alma esté siempre libre de pecado? Nos azotamos porque hemos pecado gravemente y también porque queremos redimir a los demás pecadores. La carne, peregrino, es la raíz de todas nuestras culpas. No olvides lo que dicen nuestros libros sagrados: la carne es despreciable y debe tenérsela siempre como la cárcel de nuestra alma.

Abenámar se horrorizó de lo que los monjes estaban haciendo al macerarse sus cuerpos. Y pensó:

«Si el cuerpo de los hombres es hechura de Dios, no tiene por qué ser vapuleado. La carne y el espíritu son un todo, y lo uno no puede imaginarse sin lo otro; son lo que el canto es al pájaro; lo que el aroma es a la flor. Si amamos nuestro cuerpo amamos también a nuestro espíritu. Si gozamos con los cinco sentidos le damos placer también a nuestro espíritu. Ellos son los caminos que nos llevan a la belleza y a la perfección y nos permiten gozar de todas las cosas amables de la vida. Nuestros ojos nos entregan la luz resplandeciente de los amaneceres y nos ponen frente a la frágil arquitectura de la rosa. Nuestros oídos nos dan el goce de escuchar el canto del ruiseñor y la canción del agua en el arroyo. Nuestro paladar nos hace sentir la dulzura de la miel y las delicias del vino. Nuestra piel nos permite la emoción de las caricias y los besos y nos hace gozar también el cuerpo amado. Todo eso ha sido hecho por Dios para nuestro gozo y deleite. Nosotros mismos somos partículas de Dios y amando nuestros cuerpos le rendimos tributo a su propia naturaleza. Dios nos dio los sentidos para el placer y la alegría, para el amor y para el canto, que son los únicos medios que conducen a Él. Qué absurdo resulta, pues, que el hombre desprecie y martirice su cuerpo.

Es verdad que el cuerpo es la envoltura del alma pero yo os pregunto: ¿No es digno el cántaro de arcilla de contener el agua más pura de todo el universo?»

Diciéndose para sí mismo estas palabras en voz baja, Abenámar se sintió por primera vez muy triste de estar entre los hombres. Y fue de nuevo a contemplar las rosas que florecían al pie de los abedules.

Abenámar permaneció algunos días más en la vieja abadía. La conducta de los monjes cada día le sorprendía más con sus cilicios y torturas, con sus largos ayunos y sus mortificaciones permanentes. Siempre se sintió como un extraño entre aquellos seres que curiosamente seguían sosteniendo que el único camino hacia Dios era la oración. Y los veía consumirse en su angustia, en sus tribulaciones, en sus miedos recónditos, como los árboles enfermos que, carcomidos por la plaga, van perdiendo sus flores, sus frutos, sus hojas, hasta quedar convertidos en chamizos. Eso eran para Abenámar estos monjes perseguidos por la carcoma del temor a la vida, árboles secos, en plena juventud, junto a los más hermosos jardines que florecían en la vieja abadía.

Sin embargo, Abenámar logró hacer amistad con uno de los monjes. Sólo él mereció el calor de su afecto. Se llamaba Abelardo y era el jardinero. El único que mantenía un espíritu limpio, porque era el único que estaba en comunicación con Dios a través de las flores. El único que mantenía un contacto con la naturaleza. Los demás lo seguían buscando a través de las imágenes dolientes en los altares penumbrosos, gol-peándose el cuerpo con látigos y mazas; caminando de rodillas por caminos tortuosos y recitando oraciones que salían de sus labios resecos con el cansancio de las palabras gastadas. El abad, los escribas y los teólogos, que vivían metidos entre la biblioteca de la abadía, se-guían buscando a Dios entre los libros. Leían y releían las escrituras sagradas y dedicaban largas sesiones, has-ta el amanecer, para encontrar su presencia en algún párrafo. Pero nunca se asomaban al jardín para ver el despuntar de una rosa, ni miraban embelesados al cie-lo para ver el nacimiento del día ni el fulgor de las estrellas.

Entonces, Abenámar, cansado de la necedad de los sabios, que tanto habían leído los libros sagrados, re-solvió decirles, a todos reunidos, en el refectorio, cuan-do tomaban el almuerzo:

—Ya ha llegado la hora de partir, hermanos míos. Pero antes de irme quiero responder a una pregun-ta que me habéis hecho tantas veces. Soy un peregrino que va detrás de un lucero. Podéis reíros, pero ésta es la verdad. No busco a Dios, porque Él está conmigo y lo veo en todas partes. Esta pequeña hormiga que aho-ra está caminando por nuestra mesa, es una partícula de la vida que fluye de la mente de Dios. El más insignificante de los insectos, la más pequeña de las piedras, la más modesta de las flores, hacen parte de ese Gran Ser, siempre eterno, que vive en permanente movimiento, cambiando siempre de forma, sin dejar de ser Él mismo. Vosotros lo buscáis en el sacrificio y en el dolor. Yo lo he encontrado en el placer. Y lo he visto en el resplandor dorado de la aurora, en el cenit luminoso del mediodía, en las gotas del rocío, en las secretas y misteriosas voces del bosque. Y sobre todo, he encontrado los caminos para comunicarme con él: son el amor y la alegría. Transitando por esos caminos he hallado mi propia felicidad. Porque el mundo no es triste ni hay que pensar en él como en un valle de lágrimas. La felicidad no está en la otra vida que vosotros prometéis, sino aquí en la Tierra, si estamos en capacidad de conquistarla. La felicidad es apenas un estado de ánimo que logramos alcanzar cuando miramos las cosas a través del amor. Maravilloso prisma que nos hará ver la diminuta hormiga en la plenitud de su paciente trabajo, la pequeña piedra en el misterio de sus formas, y la gota del rocío como una perla transparente capaz de reflejar el universo bañado en la más honda poesía.

»Ya es hora de proseguir mi camino. Gracias a todos por la hospitalidad que me habéis dado. He llegado a esta abadía con el hambre, el sueño y la sed de muchos días de camino, pero llegué lleno de felicidad. Y me voy, también, feliz, como he llegado, porque al lado de vosotros he aprendido una nueva y gran verdad: cuando buscamos a Dios, es porque lo hemos perdido; cuando buscamos el amor, es porque no lo conocemos; cuando buscamos la felicidad, es porque no nos hemos mirado interiormente. Para ser feliz se necesita una gran riqueza interior. Construimos nuestra propia felicidad o nuestra propia desgracia, como el gusano de seda va construyendo su tela: sacándola de su propia sustancia. Nosotros sacamos lo uno o lo otro de nuestro propio mundo interior. Si está lleno de paz, de amor, de comprensión, de indulgencia, de generosidad, y si podemos gozar con las cosas pequeñas y encontrarle un sentido y una razón a nuestra vida, estaremos llenos de felicidad. Y si somos felices, estaremos con Dios.

Al decir estas últimas palabras, Abenámar abandonó la vieja abadía. La noche anterior había vuelto a ver el lucero, brillando sobre la cúpula azul de la montaña más alta.

VI. En la floresta

Cuando el Sol estaba declinando y las montañas y los valles ya se habían teñido con el color de las sombras, Abenámar estaba próximo a llegar a una gran arboleda de frutales. En su corazón empezaba a despertarse una misteriosa inquietud. Su primer contacto con los hombres, después de tantos años de soledad entre los riscos, le había dejado una desagradable sensación. Una especie de viento seco y zumbón había pasado por encima del mar tranquilo de su alma y le había agitado.

Ahora se preguntaba, a medida que avanzaba por el ancho sendero:

«¿Puede el hombre, rodeado de tantas cosas que han salido de su inteligencia, ser feliz? ¿Acaso el mundo que ha construido con sus manos le ha dado bienestar? ¿No le habrán apartado de la naturaleza sus propias manos laboriosas? ¿Todas las cosas que ha fabricado no le habrán esclavizado? ¿Será necesario, acaso, que el corazón domestique y dirija esas manos creadoras?»

Y recordaba, entonces, la hermosa abadía con sus pulidas torres de piedra y sus amplios salones con finos artesonados, y los resplandecientes candelabros de oro y plata y los sillones de cuero repujado, donde el abad y los demás monjes se sentaban a descansar y a leer. Se habían metido demasiado dentro del mundo exterior que habían construido. Y llegaron a pensar que la sabiduría estaba en los libros de su penumbrosa biblioteca y que la vida fluía de ellos como de un manantial inagotable. Pero, ¿qué eran acaso los libros, sino la sombra de la vida proyectada en esas hojas de papel? Cada cual había querido dejar en ellas el testimonio de las experiencias de su mente o de su corazón, pero no eran la vida misma.

Y llegaron a pensar que la felicidad también estaba allí, agazapada en esas letras, lista a salir al encuentro de los hombres que pusieran sus ojos sobre ellas. Pero la felicidad es apenas un prisma interior a través del cual miramos la vida.

Y llegaron a pensar que Dios estaba también en ellos, habitando entre sus párrafos, brillando en la caligrafía de sus hermosas letras góticas, y en sus viñetas delicadamente hechas en años de paciente virtuosismo. Y llegaron a decir: ésta es la palabra de Dios. Entonces Abenámar se dijo para sí:

«La palabra de Dios no está en los libros. Ni puede ser dibujada por la mano del hombre. La palabra de Dios está en el canto del ruiseñor, en el vuelo del águila, en el resplandor del crepúsculo. Sólo la podemos escuchar cuando logramos estar en paz con nuestro espíritu.

»Porque cuando nos falta esa paz interior todas las sensaciones nos llegan mezcladas con el murmullo de nuestras preocupaciones, y la gran sinfonía se convierte en estrépito.

»Porque cuando nos falta esa paz interior, el odio,

la envidia y el resentimiento, dejan deslizar sus pequeñas gotas y lo que es dulce se convierte en amargo.
Y la ambición y el egoísmo agitan el aire y las notas de
la suprema melodía llegan a nuestra alma con un extraño temblor de angustia.

»La canción inefable de la vida nos llega desde el
mundo exterior, pero no encuentra resonancia en nuestro espíritu.

»Porque la gran sinfonía sólo se produce cuando el
mensaje de la naturaleza llega a él y puede hacerlo vibrar, como un viento suave que cruza el aire de nuestros sentidos y hace sonar armónicamente todas las
cuerdas de nuestra propia arpa.

»Pero yo me pregunto: ¿qué queda de esa sinfonía
que a diario producen los arroyos, el canto de los pájaros y el secreto lenguaje del bosque, si el aire de nuestros sentidos no está reposado y tranquilo?

»¿Y qué queda de esa gran sinfonía si el arpa de
nuestro espíritu tiene sus cuerdas destempladas?»

Pensando en esto, Abenámar seguía caminando, abstraído, por el sendero que ya empezaba a desaparecer
bajo sus pies, entre las primeras sombras vespertinas.
Y volvió a preguntarse a sí mismo:

«¿Puede el hombre escuchar los sonidos armónicos
de su arpa en medio de los hombres?

»¿Puede el hombre percibir alguna nota disonante
y sentarse a templar sus cuerdas en medio de las
multitudes?

»¿Puede el hombre, en medio del bullicio cotidia-
no, escuchar la sinfonía que fluye de su mundo interior?

»Quizás el hombre se ha olvidado de su arpa y no

quiera saber más de ella. Le basta el ruido de los mercaderes.

»Quizá la haya perdido y ya no quiera buscarla porque no la necesita.

»Y en caso de encontrarla, ¿cómo templar sus cuerdas?»

Mientras Abenámar seguía caminando y pensando en estas cosas, fue cayendo la noche sobre su cuerpo y la incertidumbre sobre su alma. Era necesario volver a contemplar el mundo circundante para no caer en la grieta de tristeza que la compañía de los monjes le había producido.

Entonces volvió los ojos hacia la noche y se vio por vez primera envuelto en las tinieblas. Sin embargo, para Abenámar la noche era más hermosa que el día, porque en ella se sentía más solo y percibía mejor el murmullo de su mundo interior y el de la naturaleza, de cuya unión brotaba la música más dulce de su vida. Porque su mundo interior estaba en contacto permanente con las sensaciones que le venían de fuera, y era como un filtro a través del cual pasaban las notas de la naturaleza para convertirse en un canto melodioso.

Después de un rato de caminar a tientas, usando su bordón a manera de antena que le permitía detectar las piedras, Abenámar vio que el camino se iba iluminando poco a poco. De entre las tinieblas de la noche fueron saliendo las copas de los árboles y las piedras tomaron una extraña claridad. Entonces miró hacia el horizonte y pudo ver las altas cúpulas de las montañas, resplandeciendo bajo una intensa luz dorada. Levantó la vista para mirar al cielo y vio entonces la Luna inmensa, ardiendo entre su propio fulgor.

Toda la naturaleza estaba metida entre este pozo dorado de la noche. Y sentía un silencio tan hondo que alcanzaba a estremecer su propia alma. Abenámar sintió entonces que ese silencio iba creciendo poco a poco y que se hacía tan grande como para poder escuchar las más sutiles voces de su mundo interior. Eran como los ruidos que hacen las hojas secas al desprenderse de los árboles y caer sobre el suelo húmedo del bosque. Pero pudo escuchar entre estos discretos murmullos la voz de Izcai, que le decía:

«Abenámar, mi pequeño pastor, ¿no me has oído todo el tiempo de tu duro peregrinar por los caminos solitarios?

»Te hablo desde el cuero de tus sandalias, porque estoy allí para sentir tu fatiga. Y te sigo paso a paso, para pisar tu misma tierra.

»Y te hablo desde los pliegues de tu túnica de lino, porque estoy en ella para sentir el sudor que brota de tu cuerpo y el abrazo del viento que ciñe tu cintura.

»Y te hablo desde tu mochila vacía, sin pan y sin vino, porque quiero sentir tu misma sed y tu misma hambre, y decirte desde el fondo de ella, que ahora puedes llenarla de duraznos y manzanas que el camino te ofrece. Porque bien sé que si no estoy a tu lado sólo sientes el vuelo de los pájaros y sus dulces melodías y olvidas que ellos también comen de las frutas del árbol donde cantan.

»Y te hablo desde la madera de tu bordón, porque quiero que sepas que estoy en él para que puedas descansar en mi recuerdo y sentirme tan firme en tus manos y estar a tu lado cuando al acostarte lo dejas a tu izquierda, reposando muy cerca de tu corazón.

»Y te hablo también desde el fondo de tu espíritu, para decirte que las cuerdas de tu arpa interior siguen produciendo la misma sinfonía, porque yo las he templado contigo, para escucharlas junto a ti, porque mi propia arpa sólo puede vibrar al unísono con la tuya. Entre ambos podemos tañer una canción inolvidable: la melodía del amor.

»Pero también te digo que te hablo desde el lucero que persigues. El lucero, en lugar de apartarnos, nos ha unido. Y pienso a veces que sin su luz nuestro amor hubiera muerto. Porque sé que ese lucero es tu Ideal. No te habría amado tanto si no te hubiera visto, como un loco, empeñado en alcanzar cosas tan altas.»

Entonces, Abenámar sintió el estremecimiento de su alma y, sin notarlo siquiera, brotó una pequeña lágrima de sus cansados ojos. Miró nuevamente hacia el cielo y vio que el lucero de su sueño, el que guiaba sus pasos, había salido de nuevo. Lo vio más alto y más distante que nunca. Pero su brillo era más intenso que el que le había visto en noches anteriores.

Entonces pudo entenderlo todo. Izcai también le hablaba desde él. Allí también estaba el brillo de su amor. Era tan grande ese amor que su resplandor subía al cielo en busca del lucero para darle más brillo entre la inmensidad de la noche y la soledad de su alma.

Bien pronto Abenámar llegó hasta la arboleda de frutales y se internó en ella. Sintió fatiga y se quitó las sandalias para descansar los pies. Luego colocó su sombrero y su bordón a su lado izquierdo, muy cerca de su corazón. Y tendido en el césped, de cara al firmamento, contempló largo rato el paso de la Luna llena por los confines del arcano. Entonces observó que, mientras la Luna avanzaba hasta perderse detrás de la montaña, el lucero permanecía quieto, invariable, brillando siempre con la misma luz. Abenámar pensó en medio de su soledad:

»Cuando leemos en el cielo, también aprendemos la misma lección. Cada cosa nos dice su mensaje. La Luna tiene que caminar, darle la vuelta a la Tierra. Es móvil y cambiante. Por eso hace parte de los simbolismos del tiempo y puede ser utilizada como unidad de medida.

»El lucero está siempre en su sitio. Nada tiene que ver con los años, los meses y los días. Para él no existe el tiempo. Porque es un Ideal. Y los ideales verdaderos nunca cambian. Por eso los marinos pueden guiarse por ellos. Así también los hombres necesitamos mirar un Ideal para orientarnos en la vida. Hacia el ideal que hemos escogido debemos orientar nuestra existencia.»

Abenámar sintió en ese instante un ruido en la floresta. Era un fruto que se había desprendido de un árbol cercano. Luego percibió un viento muy fresco y suave soplando sobre su rostro. Los ramajes empezaron a estremecerse delicadamente. A sus oídos llegaba el discreto rumor de las hojas sacudidas y el rumor se convirtió en melodía misteriosa de ángeles moviendo sus alas invisibles.

Abenámar sintió también que el viento le traía los aromas del bosque. Y todo el aire fue tomando ese olor a fruta madura, a madera recién cortada, a tierra removida, a recuerdo lejano.

Una luciérnaga brilló en la oscuridad con su pequeña luz intermitente. Era como su propio pensamiento brillando entre la soledad de su vida. Qué pequeña ante la luz permanente del lucero. ¡Pero qué hermosa, a la vez, entre la oscuridad del bosque! Porque lo pequeño puede ser grande y lo grande puede ser pequeño. En ese instante la luciérnaga era grande para su corazón. Y el lucero era muy pequeño para su entendimiento. Y lo pequeño y lo grande son hermosos, y lo uno no vive sin lo otro.

Entonces, Abenámar volvió a sentir la voz de Izcai, fluyendo de su espíritu:

«Abenámar, mi pequeño pastor, ¿por qué no te conformas con la luz de la luciérnaga?»

Entonces, Abenámar le dijo con una gran melancolía:

«Amo la luz de la luciérnaga, porque es fugaz e intermitente. Y las cosas fugaces nos conducen a lo eterno.

»También amo la luz del lucero, porque nos recuerda lo fugaz. Fugaz es nuestra vida pero eterno es nuestro Ideal.

»¿Tiene sentido, acaso, ser fugaz y perseguir cosas fugaces? Cuando amamos lo eterno, dejamos de ser fugaces.»

Entonces, Izcai volvió a preguntarle desde lo más hondo de su espíritu.

«Abenámar, ¿qué pretendes con seguir ese lucero?»

Abenámar, entonces, le respondió con gran serenidad:

«Si persigo la luz del lucero lo hago para que brille nuestro amor con la luz de lo eterno. Quiero alcanzar un Ideal para ponerlo a tus pies. Y cuando pienso que el lucero simboliza nuestro amor, nuestro amor empieza a ser eterno.

»La eternidad no es un problema de tiempo sino de intensidad en nuestras vidas. ¿No nos hemos sentido en los confines de lo eterno en cada beso que nos damos?

»Vivir con gran intensidad es una forma de desafiar y vencer los simbolismos del tiempo. Somos eternos en la medida en que vivimos con la profundidad de los abismos y la altura de las estrellas.

»Izcai, amada mía, siento que nuestro amor no tiene límites. Te veo en la madera de mi bordón y en los pliegues de mi túnica. Te veo en la luz de la luciérnaga y en el resplandor de las estrellas. Te siento vibrar en los sonidos de mi arpa interior. Y te siento caminar también en el recuerdo. Y el sabor de tus besos lo percibo también en el sabor de los duraznos frescos. Y tu aroma también me llega ahora en los olores que el bosque riega entre la noche oscura. Y siento también tu risa entre la melodía que hacen las ramas y las hojas de los árboles. Porque tú eres todo: árbol, viento, durazno, luciérnaga y lucero. Por eso nuestro amor nos sigue a dondequiera que vayamos y lo vemos dondequiera que estemos. Cada cosa, cada ruido, cada aroma, nos pone en presencia de lo nuestro. Más allá de la muerte, cada cosa que hemos amado seguirá siendo el testimonio de nuestras vidas.

»Pero hay algo más que quiero decirte, amada mía: te diré un secreto que nunca olvidarás. Nuestro amor es muy grande porque, además de amarnos, hemos conseguido lo que muy pocos han logrado alcanzar: estamos enamorados de nuestro propio amor. Así nos amamos en las dos dimensiones de la vida: lo fugaz y lo eterno. Nuestro amor es luciérnaga y es a la vez lucero.»

El viento nocturno seguía estremeciendo los árboles del bosque, del mismo modo que el recuerdo de Izcai le estremecía su corazón. Siguió sintiendo la música leve del follaje y el aroma acariciante de la naturaleza dormida, tan evocador como el aroma de la mujer amada. Y sentía también el canto de los grillos y de las cigarras y el rumor de un hilo de agua clara que se deslizaba con la delicadeza de un recuerdo en los confines del sueño.

Entonces, Abenámar sintió que sobre su frente se posaba una mano cariñosa. Y que sus párpados se iban cerrando lentamente para poder escuchar mejor la sinfonía que ahora sonaba en su mundo interior. Porque el viento del recuerdo soplaba muy sereno y muy limpio y todas las cuerdas de su arpa estaban afinadas y listas para recibir el mensaje de la vida.

VII. La cacería del rey

Abenámar se levantó muy de mañana y siguió su camino. Cuando el día empezó a desvanecerse en el sol de los venados, había llegado a las proximidades de un castillo. Sus altos torreones y sus almenas resplandecían en la pureza de su piedra, bajo el sol crepuscular. Entonces Abenámar, haciendo un alto en el escarpado camino y mirando hacia el monstruo de piedra, se dijo para sí:

«Aquí vive otra clase de gentes. Cuando yo era un niño escuché muchas historias y leyendas de reyes y de príncipes. Mi padre, que también era pastor de cabras, me hablaba de estos hermosos castillos que a veces permanecían encantados durante siglos, hasta que al fin algún príncipe apuesto y valeroso rompía el sortilegio. Y siempre que me hablaba de felicidad, me remitía a estos castillos donde suena la música de los laúdes, florecen los más bellos jardines, se cocinan los más apetitosos manjares y viven las doncellas más lindas. Quizás aquí, en este castillo, more la felicidad.»

Y pensando en esto reanudó la marcha, a pesar del cansancio de una jornada tan larga.

El castillo se levantaba en la cúpula de un monte escarpado, tan solitario como los riscos donde él había apacentado sus cabras. Pero pensó:

«El rey necesita también vivir en soledad y por eso ha construido su casa entre las altas rocas.»

Cuando Abenámar escaló la cima, no pudo tocar en las puertas del castillo porque había un gran foso en redondo que impedía el acceso a todo visitante. Entonces gritó muy fuerte e inmediatamente apareció un centinela que desde la atalaya le gritó con rudeza:

—¿Qué queréis, buen hombre?

Abenámar contestó con humildad:

—Tengo hambre y sed y deseo descansar, aunque sea en el último rincón de vuestro castillo.

Entonces el centinela volvió a gritar:

—Ésta no es una posada, peregrino. Os habéis equivocado. Ésta es la casa del rey.

Y diciendo esto, el centinela desapareció de la atalaya.

No valieron los gritos ni las súplicas de Abenámar. El castillo permaneció mudo y sordo durante toda la noche.

Entonces, Abenámar se retiró a un bosque cercano y allí durmió bajo los árboles.

Al amanecer del día siguiente volvió hasta el castillo. Desde el alba misma había sentido el sonido de las trompetas, que venían desde la torre del homenaje, anunciando el nuevo día, y luego vio izar la bandera en el torreón, y a continuación miles de soldados ocupando sus puestos en la atalaya, en las garitas y en las almenas de la erguida fortaleza.

Abenámar volvió a gritar muchas veces hasta que el mismo centinela de la tarde anterior le gritó con enojo:

—Seguid vuestro camino, buen hombre. Si continuáis gritando, tendré que soltar a los perros para que os persigan y os maten.

Abenámar sintió pena de esta respuesta y se retiró al bosque cercano en busca de la sombra protectora. El día era muy ardiente y quemaba sus espaldas. Quizá la reina o el príncipe o alguno de los cortesanos que salieran de paseo, le vieran allí, en semejante abandono, y le hicieran entrar en el castillo. En verdad, tenía grandes deseos de penetrar en ese lugar donde, según su padre, corría la felicidad entre ríos de vino y música.

Antes del mediodía, Abenámar volvió a sentir el sonido de muchas trompetas en las torres del castillo. Después escuchó el sonido de gran cantidad de tambores y címbalos. Fueron izadas en distintas partes de la fortaleza muchas banderas de azul y gualda. Y, finalmente, desde la atalaya, se escuchó una voz ronca, una exclamación de júbilo, que fue transmitida de soldado a soldado, hasta darle la vuelta al castillo:

—¡Ya viene el rey! ¡Dios lo proteja!

E inmediatamente, casi de manera simultánea con los gritos de júbilo, Abenámar vio ascender a la cima del castillo a un tropel de gentes a caballo que venía entre una nube de polvo y una tempestad de ruidos muy diversos: los cascos de la caballería retumbando en la tierra reseca, el ruido de los estribos de cobre y bronce chocando entre sí, el sonido de los cuernos de caza, tocados por los emisarios que venían delante, y los gritos de hombres y mujeres llenos de una extraña emoción que llegaba casi al paroxismo.

Abenámar quedó atónito ante el soberbio desfile. Nunca soñó que tanto despliegue de poder fuera posible. Sin embargo, lo vio todo. Delante, los emisarios tocando los cuernos que retumbaban en los bosques cercanos; luego, el rey y sus palafreneros acompañantes; y tras ellos, en grupos muy compactos, los nobles cortesanos con sus lanzas, sus arcos y sus flechas, dando gritos de júbilo por el resultado que habían obtenido en su cacería.

Al final venía la carreta, arrastrada por dos tiros de caballos negros, donde se traían los trofeos de la caza, perseguida por decenas de perros furiosos que corrían jadeantes y ladraban sin descanso.

Abenámar contempló la carreta, que venía menos rápida que los alegres cazadores, y vio en ella, confundidos en la muerte, los cuerpos aún tibios de varios ciervos y venados, casi todos muy jóvenes, a juzgar por sus hermosas cornamentas. Sus pieles brillaban con el sol, y el polvo del camino aún no había podido borrar las manchas de sangre regadas por sus cuerpos.

La jauría de mastines voraces continuaba detrás de la carreta, pugnando todos por morder y destrozar aquellas partes de los cuerpos que sobresalían por detrás del carruaje: los hocicos húmedos y las brillantes pezuñas; las destrozadas orejas y las hermosas cornamentas quebradas dolorosamente en la huida veloz por entre los bosques tupidos.

Pero, por encima de todo eso, sobre el leve gotear de la sangre sobre el polvo del camino, Abenámar alcanzó a ver aquellos grandes ojos de los tiernos animales, apenas entreabiertos, con el brillo misterioso que pone la muerte violenta en las pupilas de toda víctima inocente.

¡Cómo contrastaba ese dulce y resignado mirar de

los venados y los ciervos, esos hermosos cuerpos vencidos por la muerte, con la arrogante mirada del rey y sus arreos de oro y plata y sus cabalgaduras protegidas por el hierro!

Abenámar estaba abstraído en este pensamiento, cuando de repente sintió el ruido que hizo el puente levadizo al caer sobre el foso con estrépito, para que el rey y su corte pudieran penetrar en el castillo.

El ruido de los cascos sobre el piso de hierro hizo estremecer toda la colina y la llanura misma. Después volvieron a sonar las trompetas, los tambores y los címbalos. El puente volvió a levantarse dejando desnuda la profundidad del foso.

Y luego se hizo otra vez el silencio y la tarde siguió su curso, deslizando su cortejo de sombras sobre la soledad de los campos.

Entonces, Abenámar se sintió muy triste de volver a tener un contacto con los hombres. No había hablado siquiera con el rey ni con el último de los cortesanos y ya sentía un dolor profundo por su conducta.

Abenámar, contemplando la carreta llena de animales sacrificados en el bosque, asediados y perseguidos por aquellos hombres crueles, asaeteados y lanceados sin piedad, atrapados arteramente y en gavilla, pensó entonces:

«Qué extraña es la conducta de los hombres: aman su propia vida pero destruyen la ajena, porque siempre les ha gustado derramar la sangre de sus semejantes y la sangre de los animales mansos. ¿Es por esto que le llaman el rey de la Naturaleza? ¿Acaso la crueldad da títulos suficientes para coronarse en esta forma?

»Siempre está preparándose para la guerra, para la

destrucción y para el caos. Toda su inteligencia la ha encaminado hacia el perfeccionamiento de las armas y todo el culto que ha rendido a su cuerpo ha sido para la defensa y el ataque.

»Lo que más ha amado el hombre a través de la historia ha sido la sangre: con ella ha escrito la mayor parte de sus capítulos; y cuando no está en guerra, se prepara para ella con un curioso deporte: el asesinato de los animales que pueblan los bosques.

»¿Y quién es acaso el practicante de este "deporte"? ¿El ignorante matarife que degüella para ganar su vida haciendo de verdugo? No; el propio rey, sus cortesanos y palafreneros. Pero yo digo que aquel que derrama la sangre de su hermano no es digno de conservar la propia.

»Y quien siega la vida del venado inocente que pace tranquilo en el bosque, es enemigo de la Naturaleza.

»Y quien da muerte al ave que calienta y cuida de sus polluelos, olvida haber tenido madre.

»Y quien mata por placer, como es costumbre en el cazador, no respeta la vida.

»Y quien se esconde en el bosque y dispara su flecha o su lanza sobre el venado manso, está lleno de cobardía.

»Y quien destruye la Vida, dondequiera que esté, tiene su corazón lleno de muerte.

»Y podrá ser reconocido por todos, a su paso, porque se sentirá su hedor por dondequiera que camine.

»Y llevará, además, el signo de Caín en la frente.

»Porque encuentra el placer en el dolor ajeno. Pero el placer está muy lejos de ser felicidad. Y en el fondo, quien destruye la vida ajena está odiando la propia.

»Y no podrá tener sosiego ni paz porque pertenece a esa ralea de hombres que no han sentido jamás el sonido melodioso de su mundo interior. Porque ignoran tener el arpa de su espíritu. Y por lo tanto jamás podrán escuchar la voz de Dios, sino más bien la voz de su odio por la Vida.»

Invadido por una profunda tristeza, Abenámar se retiró al bosque, antes de que la noche cayera. No podía olvidar aquellos ojos mansos de los venados, cuya luz había sido quebrada sin razón, solamente para satisfacer los placeres del rey y de su corte.

Cuando la noche cayó sobre el bosque, Abenámar vio nuevamente el firmamento lleno de estrellas rutilantes. Y sintió más tristeza al pensar que los hombres pudieran cambiar la emoción de contemplar una noche como esa, por disparar la flecha sobre el cuerpo del venado o clavar sus lanzas aceradas sobre las carnes del antílope. Entonces su tristeza profunda le hizo recordar el caramillo. Y con él empezó a hacer sonar la más triste melodía.

VIII. En el castillo

El joven príncipe, que venía montado en su blanco corcel, desde muy lejos empezó a escuchar las notas tristes del caramillo de Abenámar. Aguzó el oído y, golpeando muy suavemente las ancas de su cabalgadura, fue en busca del hombre que estaba produciendo aquella música bajo el misterio de la noche estrellada.

Y, a medida que se iba aproximando, sentía aquella música tan tierna como si el bosque estuviera cantando una salmodia llena de soledad y de tristeza.

Cuando el joven príncipe descubrió la sombra del pastor que tocaba el caramillo, le dijo:

—Buen hombre: ¿por qué tocas a estas horas esa flauta tan triste?

—No es flauta lo que toco —dijo Abenámar suspendiendo el río de su dulce melodía—. Es apenas un modesto caramillo.

—¿Qué clase de instrumento es ese? —preguntó el príncipe.

—Es la caña con la que los pastores apacentamos nuestras cabras.

—Pero es tan linda su música —agregó el príncipe— que también puede apacentar el corazón del hombre.

—Toda música que sale del alma, señor caballero,

puede apacentar el corazón del hombre, porque nos transmite la armonía y la plenitud que tanto nos faltan. Y la armonía es aquello que nos pone en comunicación con Dios; aquello que templa las cuerdas de nuestro espíritu para que el viento de su Voz pase por ellas y podamos escuchar su mensaje de amor.

Entonces, el príncipe le dijo:

—Además de pastor y de músico, también eres filósofo.

—Señor caballero —respondió Abenámar—, nada sé de lo que dicen los libros. Soy muy ignorante en asuntos de letras, pero me basta una verdad: cada cosa en el mundo fue hecha para el hombre. Debemos tener ojos para verlas y oídos para escucharlas. ¿Cuántos de los hombres que ahora se debaten entre las tempestades de sus almas, han tenido siquiera un instante para contemplar las estrellas que parpadean en el cielo o la luz misteriosa de un crepúsculo?

»Si así lo hubieran hecho por costumbre, su mundo interior también sería tan armonioso como esta noche estrellada.

»Sólo conozco una verdad, señor caballero: la naturaleza sigue siendo un libro abierto y no está hecha para leerla en letras sino para gustarla y para amarla a través de los cinco sentidos.

El príncipe, entonces, sintiendo que las palabras de Abenámar le llegaban muy hondo, le dijo:

—Cuánta verdad dices, pastor. La verdadera sabiduría está en conocer dos mundos y ponerlos a vibrar al unísono: el mundo de las cosas que nos rodean y nuestro propio mundo interior. Pero cuán difícil es conocerlos y, más aún, tenerlos siempre en concordancia.

—No es tan difícil —replicó Abenámar—. Aprende primero a estar contigo mismo. Y para poder estar a solas con tu alma, necesitas la soledad. El ruido de los otros es poco propicio para escuchar los leves susurros que nos vienen de su profundo cauce. Busca entonces el arpa de donde viene su voz y siéntate, lejos de los hombres, y templa sus cuerdas, de tal modo que todo sonido que llegue del mundo exterior pueda tener en ella una hermosa resonancia.

Entonces, el príncipe, bajándose de su caballo, fue hasta el pastor y colocándolo sobre las ancas del mismo y volviendo a montar para tomar la dirección de su castillo, le dijo:

—Soy el príncipe Abdul, hijo del rey más poderoso de la Tierra. Quiero llevarte al castillo para que todos puedan escuchar tu música y aprender tus palabras. Porque eres a la vez pastor, músico y filósofo.

Y diciendo esto, el príncipe Abdul se encaminó hacia el castillo que se levantaba en lo alto de la colina y cuyas torres resplandecían bajo la luz de la luna.

Al llegar a las puertas del castillo, el príncipe tocó el cuerno y sus sonidos hicieron estremecer el bosque. Qué distinto su sonido al del pequeño caramillo. Porque sus sonidos pertenecían a dos mundos diferentes. Los del caramillo eran delicados y tiernos y estaban hechos para que llegaran al corazón y despertaran el amor. Los del cuerno eran potentes y soberbios y estaban hechos para que llegaran a la voluntad y movieran a la obediencia.

A los sones repetidos del cuerno, la herrada puerta del castillo bajó con estrépito sobre el foso. Y el príncipe Abdul y el pastor entraron en medio del estruendo que hacían los cascos del caballo sobre el puente de hierro que también separaba dos mundos: el mundo del poder y el mundo de la obediencia.

Abenámar se quedó sorprendido al observar tanta riqueza y esplendor dentro del castillo. Era un mundo completamente desconocido y ni siquiera intuido por él. Al resplandor de las llamas que salían de los hachones que pendían de las severas paredes de piedra y de los altos candelabros de oro y plata, Abenámar pudo contemplar los trajes y las joyas de las damas de honor, cortesanas, nobles y caballeros que, al entrar el príncipe Abdul, se congregaron en la gran sala para saludarlo y para curiosear al extraño que llegaba en las ancas de su bello corcel.

Con la luz que despedían los hachones y candelabros, brillaban hermosamente los pendientes, las coronas, los collares, los brazaletes, los anillos, las sedas y los hilos de oro que todas estas gentes se habían puesto para recibir a su príncipe.

Abenámar estaba extasiado en medio de tanta riqueza. El príncipe Abdul se destacaba entre todos. Era alto, delgado y pálido y en sus grandes ojos claros temblaba una luz de infinita nostalgia. Detrás de su discreta armadura de caballero andante, se adivinaba un tierno corazón de niño. Y en su voz lánguida y cadenciosa se podía percibir fácilmente el aleteo invisible de una pena muy honda. Parecía un ser extraño, más extraño aún que Abenámar, en medio de aquellos rostros en los que el goce del poder había puesto una impalpable huella de soberbia y de olímpico desdén al mismo tiempo. Por eso la mirada del príncipe recordaba el aleteo tímido de la golondrina asediada por las águilas.

Todos pensaron, al principio, que Abenámar quizás era un mendigo y que el inmenso corazón del príncipe lo había recogido para que no muriera de hambre y de frío en medio del bosque solitario. No faltaron ciertas miradas de discreto reproche al príncipe, por parte de las damas; ni cierta oculta impaciencia por parte de los nobles y caballeros. Y cuando miraban la pobre túnica de Abenámar, sucia y raída, y su tosco bordón de peregrino, no podían disimular el desprecio y la compasión que la figura del anciano les producía.

Hasta que el príncipe Abdul les dijo, con suave y persuasiva voz:

—Este hombre que aquí veis, es un pastor de cabras que ha dejado su oficio para ir por el mundo tocando el instrumento más dulce y diciendo las verdades más profundas. Lo he traído al castillo para que podáis escuchar los sonidos que salen de su caramillo y las verdades que fluyen de su corazón.

Y entonces, Abenámar, a petición de todos, empezó a tocar el caramillo. Todo el castillo se inundó con su música tierna y delicada, y los jilgueros y los ruiseñores, que estaban prisioneros en sus jaulas de oro y plata, también empezaron a hacer sonar su canto melodioso, y el castillo se convirtió en una inmensa caja de música, sonando bajo el misterio de las constelaciones.

El príncipe Abdul se sintió muy regocijado al volver a escuchar la música del pastor, pero muy pronto empezó a ver bostezos y la cara de aburrimiento de los cortesanos. Y, después de un rato, observó que las mujeres conversaban sobre las modas y los chismes; y que los hombres se retiraban, en grupos, a hablar de mujeres y de torneos. Comprendió entonces que nadie en el castillo, fuera de él, tenía oídos para escuchar esa música ni corazón para sentirla.

Entonces, Abenámar, para consolarlo, le dijo al príncipe:

—No toda la música es para todos los oídos. Estos sonidos del caramillo son para escucharlos en las grandes soledades de los riscos y en los profundos abismos del espíritu. Los hombres sólo podemos escuchar la música que se asemeje a la que llevamos en nuestro mundo interior. Y todo en la vida es así: sólo tienen resonancia en nuestro espíritu las cosas que se parecen a él.

Entonces el príncipe Abdul, que era sencillo y humilde como el agua, le dijo al pastor:

—Debemos tener el alma semejante. Veo que nos gusta lo mismo y que podemos vibrar con las mismas cosas. Nuestras almas son gemelas. Nadie en este castillo ha podido comprenderme. Soy un hombre muy triste y me siento muy solo. Desde hace varios años padezco una enfermedad del alma que me consume por momentos. La melancolía es el nombre de esa enfermedad. Quizá, buen pastor, puedas ayudarme a curarla. Por eso te pido que te quedes en este castillo. Desde ahora serás mi hermano en el espíritu y no importará nada lo que puedan decir, respecto a nuestra noble amistad.

Muchos días permaneció Abenámar en el castillo y mucho fue lo que pudo aprender de las gentes que lo habitaban.

Supo que al rey lo dominaba la cólera y que vivía siempre preocupado con los movimientos que hacían los reyes vecinos, preparándose en todo momento para la guerra.

Supo que la reina se consumía en el dolor y el desespero, cada vez que el monarca salía a conquistar tierras al frente de sus ejércitos.

Supo también que las mujeres de la corte se desvelaban pensando en las joyas que lucirían en el próximo torneo y en las que llevarían las demás.

Y supo que las doncellas se consumían en deseos insatisfechos y en chismecillos cortesanos.

Y supo que los caballeros y los nobles vivían acariciando sueños de poder y que amaban el oro más que a sus mujeres.

Y que nadie era feliz en el castillo, porque ninguno buscaba la felicidad dentro de sí mismo, sino que la esperaban como un don maravilloso que debía caerles del cielo.

Y que nadie tenía ojos para ver un claro amanecer ni oídos para escuchar el rumor de la fuente.

Y que el príncipe Abdul tenía un corazón muy grande y generoso pero que desde hacía varios años lo corroía la tristeza.

Entonces, Abenámar le dijo un día a su buen protector:

—Amado príncipe, es verdad que un mal muy grande te corroe tu espíritu. ¿Pero es que acaso tú no conoces la causa de ese mal?

Entonces el joven príncipe le dijo:

Desde hace varios años amo en silencio a una mujer que habita este castillo. Es dulce como el sonido de una flauta, suave como el rumor de la fuente y bella como el principio de la primavera. Pero hay algo que nos separa y que nadie puede quebrantar.

Abenámar le dijo al príncipe con verdadero asombro:

—¿Es que hay acaso algo en el mundo que no pueda vencer el príncipe Abdul, el hijo del rey más poderoso de la Tierra?

El príncipe, entonces, le respondió:

—Ciertamente hay algo contra lo cual no puede mi voluntad ni alcanza mi grandeza. Es algo tan pequeño que cabe en un trozo de papel; pero es tan fuerte a la vez, que contra eso no pueden todos los ejércitos del mundo, ni siquiera la voluntad de mi padre. Si eso tan pequeño y tan grande a la vez llegara a quebrantarse, se derrumbaría todo nuestro imperio y el país iría al caos y a la ruina. Ese algo es la ley: el príncipe heredero no puede desposarse con cualquier cortesana. El nombre de la que va a ser mi esposa está escrito en los oráculos del reino.

Entonces, Abenámar, llenándose de una gran tristeza, se dijo para sí:

«En verdad, los hombres menos libres en el mundo son los que tienen el poder entre sus manos. Viven siempre prisioneros de su oro, de sus tierras, de sus cortes, de sus aduladores y, sobre todo, de la ley. Este pobre príncipe, con un corazón tan grande y generoso, podría ser feliz. No le importa ni el oro ni las tierras; desprecia a los cortesanos y a los aduladores;

tiene ojos para contemplar el crepúsculo y oídos para escuchar la melodía de los bosques. Pero tiene la más grande desgracia para su hermosa juventud: haber nacido príncipe. Y los príncipes no viven para ellos sino que viven para el reino. Y, por lo tanto, son los esclavos de la ley.

Entonces, Abenámar sintió la más grande de todas las tristezas al pensar que su bondadoso protector no podría ser feliz, puesto que nunca dejaría de ser príncipe. Por primera vez pensó que la ley era algo muy pesado y le dijo a su amigo:

—Acuérdate siempre, cuando estés gobernando, que las leyes deben ser para el amor y nunca para el odio.

»Que las leyes deben unir en lugar de separar.

»Que las leyes deben buscar la justicia y no la iniquidad.

»Que las leyes deben buscar el bienestar del hombre y no su desazón. Y, sobre todo, amado príncipe, nunca olvides esto: puedes gobernar sobre todas las cosas y sujetarlas a tu voluntad y a tu capricho. Pero hay un territorio a donde la ley del príncipe nunca puede alcanzar. Ese territorio es el corazón de los hombres.

Abenámar no pudo conciliar el sueño esa noche. Pensó que sus consejos al príncipe reñían con toda la estructura del poder. ¿Era al hombre, que tenía corazón, al que había querido dar consejo? ¿O era al príncipe, que tenía la futura responsabilidad del mando, a quien se había dirigido esa tarde? ¿No habría sido demasiado atrevimiento decirle al joven príncipe que al corazón del hombre no lo gobiernan las leyes de los príncipes? Abenámar se revolcaba en su cama, presa de la ansiedad, pensando en estas cosas, cuando sintió una música muy dulce y melodiosa que venía desde el jardín de los rosales. No resistió la tentación de ver de dónde procedía aquella linda melodía y, al mirar a través de la ventana de su celda, vio al príncipe Abdul, parado al pie de la fuente, tañendo su propia mandolina y luego escuchó su voz lánguida y sensual que iba ascendiendo en espirales de amor hasta la propia ventana de su amada secreta. Y vio, también, cómo se iba abriendo lentamente esa ventana y cómo por ella descendía una rosa hasta caer a los pies del príncipe.

IX. Por los caminos del pasado

A la noche siguiente, Abenámar volvió a ver el lucero. Brillaba solitario, con una luz muy blanca, detrás del castillo, sobre la cúpula del monte. Era la señal esperada.

Entonces Abenámar abandonó el castillo, muy al amanecer, antes de que la servidumbre se levantara. Llevaba únicamente su mochila llena de pan y de vino y su cayado sarmentoso. Su túnica de lino blanco estaba muy limpia, pues había sido lavada, lo mismo que sus sandalias y su sombrero de fieltro.

Salió sin decirle nada a nadie, pues tuvo miedo de que el príncipe Abdul pudiera retenerlo con sus ruegos o que, inclusive, hiciera uso del poder para impedir su viaje.

El camino tomado por Abenámar era una especie de sendero pedregoso, semicubierto por la hiedra, un antiguo camino no transitado en muchos años de completo abandono.

Qué grato le pareció caminar por aquel sendero antiguo, donde las piedras estaban recubiertas de musgo, discretamente cobijadas por el césped. Era, en verdad, un camino lleno de soledad, y Abenámar tuvo la sensación de que por él debía irse a un país olvidado, habitado únicamente por los fantasmas del recuerdo. Era quizás el camino para visitar las comarcas del pasado, un camino para ir del brazo con sus propios sueños, a la sombra de los grandes árboles que escoltaban sus orillas.

Abenámar observó que ninguno de esos árboles tenía frutos ni flores y que eran de un color terroso, sin brillo, y que estaban allí, clavados como ruinas de una naturaleza muerta desde hacía siglos. Observó también la ausencia de los pájaros y tuvo la sensación de que la brisa no corría.

No se equivocaba Abenámar en sus apreciaciones, porque bien pronto empezó a ver a lado y lado del camino los paramentos y las murallas derruidas de antiguos edificios de piedra, viejos estanques cubiertos de lotos desolados, restos de lo que antes fueron fuentes, ocultos por helechos amarillentos y resecos, grandes patios con pérgolas de piedra pulimentada y estatuas de mármol completamente mutiladas y en las que el paso de los años había puesto una lamentable costra de verdín y de olvido.

Entonces, Abenámar sintió en el corazón un raro estremecimiento y empezó a escuchar la canción de la soledad tocando delicadamente las cuerdas del arpa de su mundo interior. Sintió caer sobre su espíritu una menuda lluvia de pétalos marchitos y luego, muy hondo, en lo más profundo de su ser, sintió que un río de hojas secas, doradas por el sol, se iba deslizando lentamente, mientras escuchaba el rumor de muchas arpas antiguas que acompañaban su propia arpa interior tañendo melodías ignotas.

Abenámar se sentó en el brocal del pozo abandonado, en mitad de un espacioso patio, donde ya no crecían los jardines de otras épocas, y tuvo la sensación de haber estado allí, sentado en ese mismo brocal, cuando todo tenía vida, cuando las pérgolas estaban cubiertas de margaritas y begonias, cuando en el jardín crecían los manojos de rosas y de lirios y cuando esa misma música que estaba sintiendo en el espíritu venía desde los balcones derruidos y era tocada por las manos blancas de muchas doncellas de largas túnicas y cabelleras perfumadas.

Abenámar sintió un ruido extraño en el fondo del pozo. Y luego vio cómo el manubrio herrumbroso de la roldana daba vueltas, enrollando el viejo cable, a la vez que iba ascendiendo lentamente la vasija de cobre llena de un agua transparente y fresca. Abenámar volvió luego la vista hacia los balcones derruidos y los vio llenos de flores y ya no vio más los escombros sino, más bien, las hermosas ventanas entreabiertas y, dentro, en las alcobas, la luz resplandeciente de muchas lámparas, y escuchó el murmullo de las risas juveniles y luego la voz cálida y sensual de un trovador que musitaba la canción del olvido.

Y todo a su alrededor cobró vida y los jardines se llenaron de flores, y de la fuente de piedra brotó el agua en transparentes surtidores y se escuchó también el rumor del arroyo lejano, y el viento corrió por vez primera haciendo sonar las hojas de los árboles, y de todas las flores salió aquel aroma de recuerdo que llegó hasta el centro del patio, donde estaba Abenámar, sentado en el brocal del pozo, viajando por los caminos de la eternidad.

Entonces Abenámar sintió algo como un murmullo, que no supo de dónde provenía, sólo hasta cuando el murmullo se hizo voz y la sintió dentro de él mismo, porque era la voz de su conciencia.

Continuaba sentado en el brocal del pozo, como sumido en un sueño profundo, pero sentía que el río de su voz interior iba saliendo para poderla escuchar con sus oídos. Y oyó que le decía:

«Abenámar, estás viajando por los caminos del recuerdo, que son los caminos de la vida. Muchas cosas han pasado aquí, donde ahora te sientas a descansar. Y lo que ves proyectado en tu mundo interior es la pura verdad, porque eso pasó hace muchos años. Todo pasa en la vida de los hombres como un viento que va lejos y luego vuelve. Como la gota de agua que va al mar y luego se hace nube para caer a nuestros pies. Y tú, Abenámar, también estás aquí desde el principio de los siglos, porque has estado en todas partes. Algún día estabas en el fondo de este pozo y alguien te sacó moviendo el manubrio de la roldana, porque tres cuartas partes de tu cuerpo son agua que puede ser tan pura como la que estás viendo en la vasija.

»¿De qué te asombras, pues? También has ido al mar y has corrido por los ríos y has brotado en surtidores en la fuente que tienes en frente. También has estado en el aroma de la flor y en el sabor de las frutas. Y eres tan eterno como cualquier partícula del mundo. ¿De qué te quejas, pues, y niegas la existencia del tiempo? El tiempo eres tú, Abenámar, porque también eres la eternidad. Lo único que muere en ti es la forma del ser, pero no el ser mismo. Poco a poco te vas transformando en cosas nuevas y te vas dispersando en todas ellas y te vas diseminando en millones de partículas que hacen parte de millares de cosas.

»Estas ruinas que ves aquí fueron la ciudad más bella de toda la comarca. Y esas risas y ese canto del trovador que has escuchado hace un instante, fueron la expresión de alegría de gentes que vivieron hace siglos. ¿Y quién puede negar que esas mismas risas y ese mismo canto estén sonando ahora, igual que hace siglos, en alguna parte de la Tierra? Ésta fue una ciudad próspera y rica en la época de la dominación romana. Por aquí pasaron luego los ejércitos de un rey devastando ciudades, cabalgando los corceles de la muerte y con teas encendidas le prendieron fuego después de saquearla y dar muerte a todos los que la habitaban. Por el camino de piedra que has andado, pasaron las legiones de soldados con sus teas y por el mismo camino se llevaron el botín de su saqueo.

»¿Dónde está ese rey incendiario y saqueador?

»Hace poco lo has visto en el castillo que has abandonado. El río de su sangre ha pasado por varias generaciones hasta llegar a él. Y lo has visto asesinando ciervos y venados en el bosque cercano. Nada ha cambiado en su esencia. Y esta ciudad perdida y olvidada algún día resurgirá con otras formas, con otra arquitectura, y aquí mismo volverán a brotar las flores y a correr el agua fresca. Porque en la fragilidad de cada rosa se estremece la eternidad de todas las rosas, y en el rumor del agua está la voz del tiempo recordándonos que es sólo apenas el rumor de lo que va y de lo que viene.

»Porque eso es lo que hemos sido: nos hemos ido con una forma y hemos vuelto con otras. Ayer fuimos la flor y hoy somos el hombre. Sin embargo, ¿qué seremos mañana cuando la tierra haya caído de nuevo en nuestros ojos y todos nuestros tejidos se hayan desintegrado? ¿Cuando volvamos a ser simplemente un conjunto de átomos confundidos con la tierra? Pero, no pienses más en esto, Abenámar. Sigue adelante. Abandona estas ruinas que todo lo que ha sido tiene el poder de lastimar el corazón. Todo ello nos pone frente a la fragilidad del hombre. Además, la guerra y el olvido producen un viento de soledad que, al pasar por las cuerdas de tu arpa, hacen sonar una melodía muy triste.»

Cuando Abenámar despertó de su sueño, las sombras de la tarde habían caído sobre las ruinas de la ciudad perdida. Entonces, siguiendo la voz de su conciencia, decidió abandonar aquel lugar tan desolado y siguió detrás del lucero que empezaba a brillar de nuevo sobre la cúpula de los lejanos montes.

Cuando Abenámar caminaba por la última calle de la ciudad en ruinas, antes de abandonarla, sintió de repente un canturreo melancólico y algo desarticulado, que provenía de los escombros de lo que antes había sido una mansión señorial. Era una canción muy antigua, a juzgar por el dialecto en que era cantada.

Detuvo su paso para escuchar mejor, porque tuvo la sensación de que estaba todavía en el mundo alucinado de sus sueños. La canción seguía escuchándose con insistencia. Era una voz cansada y triste, como la de un viejo perdido entre su soledad. Entonces Abenámar, dudando de que alguien pudiera vivir entre esas ruinas, dijo en voz alta:

79

—¿Quién podrá cantar a esta hora, en medio de tanta soledad?

—No estoy solo, caminante —dijo la voz que venía de los escombros—. Me acompañan todas estas ruinas, que para mí tienen más vida que todos los hombres juntos.

Y diciendo esto, la voz tomó cuerpo en la figura de un anciano de largos cabellos y pobladas barbas cenicientos. Caminaba con dificultad, a causa de los muchos años y de una gran giba que cabalgaba sobre sus espaldas.

Abenámar se asombró al verlo viviendo en medio de aquel cementerio de cosas que antes estuvieron nimbadas por el esplendor y la gloria y que ahora estaban cubiertas por la maleza y el olvido. El anciano seguía avanzando lentamente, sostenido en su tosco bordón de cedro. Entonces, Abenámar le dijo:

—¿No te da miedo de la noche que llega?

El anciano le respondió con desdén:

—Todos los días son noches para mí.

Y luego, como para reafirmar lo dicho antes, agregó con mucho énfasis:

—Yo vivo entre la noche.

Después se quedó mirando a Abenámar, con sus ojos opacos y tristes. Pero, en realidad, estaban mirando algo inexistente.

Abenámar comprendió al instante que el anciano era ciego. Y entonces le dijo:

—Ya veo, amigo mío. Dices que vives entre la noche porque no distingues el día.

—Te equivocas, caminante. Puedo distinguir el día de la noche, porque siento el sol sobre mi cuerpo.

Además, cuando toco estas ruinas, ellas me transmiten el estado del tiempo. Si yo vivo entre la noche es porque estoy metido entre un pozo muy oscuro que no me permite ver las formas ni los colores.

Abenámar, al principio, no podía entender ese lenguaje lleno de símbolos y entonces le dijo:

—No te entiendo, amigo mío. Puedes distinguir la noche y el día y sin embargo dices que estás metido entre un pozo muy oscuro. Yo sólo te veo metido entre estas ruinas sombrías.

El anciano, entonces, palpando con cautela una de las paredes derruidas y luego recostándose en ella, le dijo lentamente:

—No puedes entenderme porque tus ojos no te dejan. Tienes una parte de tu ser metida entre tu cuerpo y otra metida dentro de tu mundo exterior. Yo tengo todo mi ser metido dentro de mí mismo. Todo lo que veo está dentro de mí. Y sin embargo puedo ver todas las cosas. Veo dentro de la oscuridad, como los gatos. Las pupilas de mi alma están abiertas a todo y puedo verte con todos mis sentidos. Por el timbre de tu voz puedo saber que eres alto y delgado y que vas persiguiendo un lucero.

Abenámar se quedó sorprendido al escuchar las palabras del viejo, tan llenas de sabiduría. Y luego le dijo con el temor que infunden todos los hombres sabios, que no es otro que el temor que el hombre le tiene a la verdad:

—¿Cómo sabes que voy detrás de un lucero?

Entonces, el viejo le respondió:

—Ya te lo he dicho. Me he dado cuenta por el timbre de tu voz. De nuestra alma van fluyendo nuestras intenciones a través de todo lo que hacemos. A través de nuestros movimientos, de nuestros gestos, se reflejan todas nuestras inquietudes y deseos. Vosotros, los videntes, los descubrís únicamente en la mirada, porque es lo más expresivo de todo. Pero nosotros, los ciegos, que no vemos los ojos de nuestros interlocutores, ni los movimientos que hacéis, nos orientamos por la voz y ella nos dice hasta la edad. Hay voces muy cálidas y hay voces muy frías. Hay voces de amistad, de amor, de odio y de resentimiento. De tu voz fluye un deseo tan grande, que sólo puede medirse con la distancia que nos separa de un lucero.

Abenámar comprendió entonces que este pobre viejo que habitaba las ruinas era el más sabio de los hombres. Y, con mucho respeto, le dijo:

—Háblame del lucero que persigo. Yo sólo veo su luz, que tú no puedes ver.

Entonces, el viejo, cruzando los brazos sobre el pecho, como si esto fuera parte de un rito secreto, y dirigiendo su mirada sin vida exactamente en dirección al lucero de Abenámar, que ya estaba brillando, le dijo:

—Desde el fondo de la noche en que yo vivo, he visto el lucero que persigues. Y lo veo en las constelaciones de tu vida, brillando con luz blanca, solitario y hermoso. Los hombres que persiguen un lucero lo llevan dentro de sí mismos. Pero pueden proyectarlo en las constelaciones del cielo. Para mirarlo siempre con los ojos del alma, interiormente, y con los ojos del cuerpo sobre la negrura del firmamento.

»Óyeme peregrino: yo también persigo un lucero como el tuyo. Pero no puedo verlo en el cielo, como tú. Por eso lo veo dentro de la noche en que yo vivo;

dentro de ese pozo profundo del que antes te hablé. Y cuando llega la noche de los hombres, la noche exterior, siento que me ilumina por dentro y me da el calor y la vida para vivir entre estas ruinas que simbolizan mi pasado.

Abenámar, encantado con las visiones del ciego, pero sabiendo que tenía que abandonar rápidamente aquel lugar, le dijo:

—Me has maravillado con tu sabiduría; con tu manera de mirar las cosas desde el fondo de tu alma. Pero, antes de partir, quisiera saber quién eres.

Entonces, el viejo le dijo:

—No importa que sepas quién soy. Pero ya que tienes curiosidad de saberlo, te digo que he vivido aquí desde el principio de los siglos. Soy ciego de nacimiento porque me bastan los ojos del alma; vivo entre las ruinas, porque hago parte de ellas; estoy solo, porque llevo el mundo dentro de mí; conozco a todos los hombres sin verlos exteriormente porque todos son iguales en su envoltura.

»Lo único que los diferencia, es lo que llevan dentro de su cuerpo, es decir, su mundo interior. Y ese mundo interior me llega a través de sus voces. Cada voz viene inspirada por el corazón y por la inteligencia. Ella tiene el timbre que producen ambas. Por eso te puedo decir que tu voz tiene una extraña mezcla de poeta y de filósofo. Porque tienes el corazón y la inteligencia, como si fueran las dos únicas cuerdas de tu arpa interior, en completa armonía. Por eso sabes que existe un lucero en las constelaciones de tu vida.

Abenámar, impaciente por saber el nombre del anciano, le interrumpió:

—Pero decidme quién eres. Quiero que me hagas ese regalo antes de mi partida.

Entonces, el anciano, en tono más enigmático que el que había usado antes, le dijo:

—No te asombres si te digo quién soy: el viejo oráculo de la ciudad. Estoy aquí para predecir su futuro. La ciudad en ruinas apenas duerme el sueño de su olvido. Pero algún día despertará de su sueño y volverá a vivir nuevos años de esplendor.

Entonces, la noche cayó por completo y Abenámar dejó de ver al viejo y dejó también de escuchar su voz.

Fiel a su conciencia, Abenámar abandonó las ruinas de la ciudad perdida y siguió el camino, detrás del lucero que seguía brillando sobre los montes lejanos.

X. En la aldea

Toda la noche Abenámar estuvo caminando por aquel sendero pedregoso en medio de la oscuridad. De vez en cuando brillaban las luciérnagas o relampagueaban los ojos fosforescentes de los búhos trepados en los árboles. Y, a medida que caminaba, Abenámar recordaba las palabras del ciego, condenado a vivir en su noche interminable. Recordaba haber encontrado la fe ciega en el monasterio y el poder en el castillo. Pero en ninguno de estos sitios había encontrado la sabiduría. Ella estaba en esas ruinas y curiosamente la poseía un hombre ciego. Pero ¿dónde encontrar la felicidad, que era justamente lo que él estaba buscando entre los hombres?

Después de muchas horas de caminar sin descanso, sin más guía que la lejana luz del lucero, Abenámar empezó a escuchar el canto de los gallos. Entonces se dijo para sí:

«Ya pronto va a amanecer. Es necesario apurar el paso porque el Sol no tardará en alumbrar el resto del camino.»

Al poco rato la claridad de la alborada empezó a filtrarse por entre el negror de la noche y ésta empezó a desvanecerse rápidamente hasta que sobre el cielo sólo quedó un hermoso resplandor. Y a medida que iba amaneciendo, se hacían más ruidosos y frecuentes los cantos de los gallos.

Por fin el día abrió, como se abre el botón de una rosa blanca al empezar la primavera, y Abenámar se dio cuenta de que había llegado a un país muy rico donde la tierra era muy fértil. Por dondequiera que miraba veía grandes extensiones cultivadas de trigo y otros cereales, y en las lomas veía diseminadas cientos de cabañas muy lindas y muchos molinos de viento moviendo sus grandes aspas.

El mundo le estaba revelando otra faceta: la de la prosperidad y la bonanza. Toda la naturaleza estaba llena de colores y de vida. Por los extensos sembrados caminaban los labradores cantando, con sus hoces y sus guadañas en la mano, y por las vegas pastaban los rebaños de cabras y ovejas y las manadas de vacas y caballos. Por las vertientes serpeaban los más bellos caminos y por ellos se deslizaban lentamente las carretas tiradas por bueyes mansos.

Éste era un mundo desconocido para Abenámar que se había levantado entre la pobreza de los riscos áridos. Hasta ahora el camino apenas le había ofrecido un paisaje de bosques umbríos, de pequeños huertos de frutales, de despeñaderos profundos y de ruinas abandonadas. Por eso Abenámar se sintió inundado de una felicidad muy grande y muy íntima. Y se dijo:

«¡Qué bella es la naturaleza! ¡Cómo le brinda al hombre lo mejor de sus frutos! ¡Cómo trabaja para hacerlo rico y placentero! ¡Cómo se viste de todos los colores y de todas las formas para brindarle estos paisajes hermosos! De seguro que aquí el hombre, entre tanta belleza y tanta riqueza, tendrá que ser feliz.

Y diciendo esto apuró el paso porque tenía deseos de encontrar a los afortunados que eran dueños de tanto tesoro vegetal. Desde lejos escuchaba sus gritos y sus cantos. Su corazón empezó a latir como nunca y su alma también se vistió con los colores de la primavera.

Más adelante, Abenámar vio, desde lo alto de la colina, una pequeña aldea. Estaba allí, como un rebaño de casitas blancas, con sus tejados rojos brillando bajo el sol del mediodía, en torno a su iglesia. Desde allí, desde la colina, divisaba su pequeña plaza cuadrangular, su plaza solitaria, en donde sólo se veían algunos pocos árboles y se divisaban también sus angostas callejuelas por donde transitaban los perros y las viejas carretas.

Abenámar, entonces, se dijo:

«Muy pronto estaré en esas calles tan lindas y en esa plaza solitaria. Esta aldea debe ser el nido de la felicidad. Cuánto he caminado para llegar a ella. Pero bien vale la pena.»

Y empezó a descender por la colina, en cuyas estribaciones se encontraba la pequeña aldea.

Antes de llegar a ella, en sus propias puertas tropezó con un grupo de músicos. Venían tocando algo que parecía una balada de amor, pero en forma tan desafinada que lo que podía ser una bella melodía apenas era una cómica estridencia. Todos los músicos venían lujosamente vestidos con blusa y calzón de seda de diferentes colores, y brillantes botas de cuero tierno.

Abenámar, entonces, se acercó a ellos y les preguntó qué aldea era aquélla. Pero los músicos no le respondieron y, por el contrario, le dijeron con sorna:

—Extranjero, nuestro pueblo es muy rico y no quiere mendigos. Vete, pues, rápido, antes de que te saquen a piedra los guardianes de la aldea.

—No soy extranjero ni mendigo —les respondió Abenámar—. Nadie es extranjero donde hay hombres de verdad. Ni tampoco soy mendigo, porque he venido a dar, más que a recibir.

—¿Y qué puedes darnos, que todo lo tenemos? —dijeron los músicos—. ¿Acaso traes joyas desconocidas en esa sucia mochila? Ve primero y cámbiate ese traje sucio y raído y vuelve limpio, a ver si te creemos.

Y luego todos los músicos se echaron a reír y todos lo señalaron con el dedo y le gritaron:

—¡Perro sucio! Vuélvete a tu tierra y regresa con tus cargamentos de oro que nos vas a repartir, pues tal como vienes sólo nos inspiras lástima.

Entonces, Abenámar, más sereno que nunca, les dijo:

—No es oro lo que traigo para vosotros, sino algo más valioso todavía. Lo que os traigo no cabe en mi mochila, que bien sucia y raída está, como lo habéis dicho todos. Lo que os traigo está en mi corazón y no lo podéis ver porque todavía no os lo he dado. Os traigo mucho amor, que bien necesitados estáis de él. Tenéis mucho dinero porque la tierra os lo da con largueza, pero no tenéis amor por ella ni por el hombre que de ella ha salido. Ni siquiera por vosotros mismos tenéis amor, pues bien veo que estáis borrachos porque queréis huir de vosotros mismos.

—¡Perro! ¡Perro vagabundo! —le gritaron a coro los músicos y alguno de ellos le arrojó una piedra que pasó rozándole la túnica.

Abenámar no quiso responder a sus ofensas y, por el contrario, se sintió muy orgulloso de que le llamaran «perro» sabiendo que este animal es el más noble y abnegado de los compañeros del hombre, el amigo que nunca lo abandona, ni siquiera en la miseria, porque está lleno del amor, de la ternura y de la fidelidad que tanta falta hace a sus soberbios amos.

Cuando Abenámar entró en la aldea, le sorprendieron varias cosas al mismo tiempo. Todas las calles estaban adornadas con arcos de flores y hasta sus oídos llegaban los sones de una música muy alegre. Pero no vio a nadie en la calle y tampoco sabía de dónde venía el sonido de esa música bullanguera y alegre.

Entonces siguió caminando hasta llegar a la plaza y allí, debajo de una ceiba, se puso a descansar. Desde allí pudo ver los balcones de las casas, llenos de flores frescas y de faroles encendidos. Luego pudo escuchar más nítidas las notas de la música y, orientándose por ellas, llegó hasta el sitio donde eran producidas. Era una taberna muy grande y espaciosa, con muchos salones y muchos patios adornados con cintas de seda, banderines y gallardetes. Varias orquestas tocaban al tiempo y los aldeanos y campesinos bailaban y bebían sin descanso. El vino corría en copas llenas y la servidumbre no paraba de entrar cubas repletas para sacarlas luego vacías.

Abenámar se dirigió a la taberna, atraído por tanto bullicio, y fue hasta uno de los pajes que servía el vino. Supo entonces que los campesinos y los aldeanos celebraban conjuntamente la fiesta de la vendimia. Que éste era el único día del año en que unos y otros estaban juntos, porque en el fondo se odiaban, puesto que los aldeanos se consideraban más instruidos que los campesinos, y éstos más ricos que los primeros. Unos y otros se odiaban en silencio y todos entre sí también se odiaban, porque todos tenían la ambición del dinero y cada cual sentía envidia por el que tuviera un denario más, o desprecio por el que tuviera un denario menos.

Era un extraño y complejo mecanismo del odio. Pero todos a la vez, aldeanos y campesinos, pobres y ricos, estaban muy contentos de que sobre el pueblo vecino hubiera caído una plaga y hubiera acabado con las cosechas de la vid, dejando a todos sus moradores en la miseria. Porque las aldeas también se odiaban unas a otras y se tenían envidia. Esto era lo que celebraban ahora. La prosperidad de las cosechas propias y la ruina de las ajenas. Por eso cantaban, bebían y bailaban, aunque fuera por un día. La desgracia ajena era lo único que podía unirlos.

Entonces, Abenámar empezó a sospechar que allí tampoco existía la felicidad en ninguno de sus hombres. Y viéndolos a todos gritar, danzar y abrazarse, se imaginó que apenas estaban representando una comedia: la comedia de los malos actores que tienen que apelar al vino para simular lo que no tienen en sus almas. Y en todos esos rostros Abenámar empezó a ver que se iban dibujando, poco a poco, las señales de la angustia y la ansiedad. Porque nada de lo que hacían era auténtico. Hasta la risa parecía una careta de la amargura ebria, de la amargura que se embriaga para disimular su rictus. El vino los había puesto a representar la más triste de todas las comedias.

Abenámar sabía que al día siguiente, aldeanos y campesinos volverían a odiarse; que ricos y pobres volverían a sentir la envidia y el desprecio, que el rico haría cuentas de lo que había gastado en la fiesta y que haría sumas y restas, con dolor; y que el pobre se sentiría humillado de haber bebido con creces de las cubas del rico, porque éste siempre estaría recordándoselo. Y, sobre todo, que sobre todas esas palabras de amistad, que ahora se decían, pasaría bien pronto el viento del olvido y que sobre los risueños rostros volverían los gestos de preocupación por el dinero.

Abenámar pensaba en estas cosas cuando uno de los guardianes de la aldea, que todavía tenía en el cinto el alfanje y en el rostro el sello de la autoridad, a pesar del vino, se acercó a él y le dijo:

—¿Qué haces aquí, buen hombre? ¿Quién te ha invitado a nuestra fiesta? ¿Acaso vienes, disfrazado de mendigo, desde la aldea vecina, a espiar todo lo que hacemos?

—No soy ni espía ni mendigo —respondió Abenámar—. Vengo desde muy lejos predicando la paz y el amor.

—No te preocupes por nosotros, buen hombre; el amor lo hacemos con nuestras hembras y la paz la imponemos con nuestros alfanjes —dijo el guardián con sorna.

—No es ese el amor que predico, señor guardián. Porque lo que no sale del corazón, podrá ser placer, pero nunca le llaméis amor. Si os acostáis con vuestras mujeres, sin amarlas, no podéis llamar amor a una simple relación carnal. En cuanto a la paz, ella nunca proviene de las armas ni puede imponerse a nadie. La paz, señor guardián, también nace del corazón y siempre va de brazo con el amor. Porque quien ama de verdad siempre estará en paz consigo mismo y, por consiguiente, con todos los demás.

El guardián se exasperó con las palabras de Abenámar y empezó a gritar:

—¡Nosotros también conocemos el amor! ¡Mejor que tú y que todos los de tu pueblo!

Entonces, Abenámar preguntó al guardián:

—Ahora decidme: ¿realmente os amáis aldeanos y campesinos? ¿No celebráis el fracaso de la aldea vecina? ¿A qué tanto ruido y alharaca para mentir por un día que sois amigos los unos de los otros?

A los gritos del guardián vinieron otros de la fiesta y rodearon a Abenámar, mostrando todos una actitud muy hostil. Y la mujer del guardián le dijo a éste:

—¿Cómo te atreves a discutir con un mendigo miserable? ¿Acaso no ves su túnica sucia y raída? Sácalo de aquí que sus sandalias huelen mal.

Y el dueño de la taberna también se acercó para vociferar:

—Es apenas un extranjero indeseable. ¿No veis acaso su traje anticuado y extraño? Sacadlo de aquí, que nadie le ha invitado.

Entonces la mujer del tabernero, que lo oyó gritar, acercándose y mirando a Abenámar con desdén, le dijo a su marido:

—Debe ser un esclavo que viene de una ciudad lejana. Apresadlo, que todavía puede ser vendido en la próxima subasta.

Entonces Abenámar, suavemente, le dijo a la mujer del tabernero:

—Nadie es más esclavo que el que vive para el dinero. No lo tengo por amo ni señor ni vivo para él. Soy tan libre como el viento y por eso puedo andar los caminos gozando de la naturaleza y escuchando sólo la voz de mi corazón. Puedo andar cualquier camino porque no tengo nada que me detenga ni me amarre. Los únicos tesoros que tengo los llevo conmigo y nadie me los puede quitar: son el amor y la paz.

Entonces el guardián de la aldea volvió a decir con sorna:

—Buena fortuna tenéis. Con ella podéis comprar el mundo.

Abenámar, en medio de aquella turba hostil, que ahora le cercaba amenazante, dijo:

—Con el amor nada se compra. Ni estoy para comprar, porque no soy mercader. El amor apenas se siembra, como vosotros sembráis vuestras semillas, para que fructifique en el espíritu del hombre. Nada vendo ni nada compro. Entrego el calor de mi corazón, sin esperar nada para mí sino para quien lo recibe.

Entonces, la mujer del tabernero volvió a gritar:

—Todos estáis equivocados. Este hombre no es ni mendigo, ni esclavo, ni espía. Es apenas un loco que merece compasión.

Y todos volvieron a mirar a Abenámar y detuvieron nuevamente la mirada en su túnica raída y en su mochila vacía, y gritaron enardecidos:

—¡Es un loco! ¡Sacadlo de aquí!

—¡Es un loco! ¿Acaso no escucháis las necedades que dice?

—Es un pobre loco. Sacadlo antes de que dañe la fiesta.

Y todos vociferaban y fácilmente trocaron su falsa alegría por el odio.

Abenámar, entonces, abandonó la aldea, perseguido por las miradas hostiles y los ademanes amenazantes de hombres y mujeres.

Y al abandonar la aldea, cuando ya la tarde empezaba a caer sobre ella, volvió a sentirse inmensamente triste de haber estado con los hombres.

XI. En el río

Abenámar estuvo toda la tarde caminando por aquellos ricos campos donde el trigo formaba un extenso mar dorado, levemente rizado por la brisa, y donde los viñedos se llenaban de preciosos y apretados racimos de uvas verdes y oscuras.

El sol se iba extinguiendo lentamente, cayendo con una gran melancolía sobre las huellas que iban dejando las sandalias de Abenámar. Hasta que al fin, la noche vino con su manto de estrellas plateadas y los viejos molinos detuvieron sus aspas.

Al filo de la medianoche, Abenámar había llegado a las orillas de un ancho río que se deslizaba lento y majestuoso por la llanura. Entonces detuvo allí su paso y se tendió en la orilla, debajo de un hermoso tulipán florecido.

Desde allí se dedicó a ver correr el caudal de sus aguas, que venían desde muy lejos, fluyendo desde los más variados y escarpados riscos, rumbo al océano en donde encontrarían su común destino. Y vio reflejarse sobre su caudal sereno y fuerte a la vez, la luz de todas las estrellas, como si formaran una escuadra de navíos de luz, encallada allí en espera del alba. Eran las mismas estrellas que él solía contemplar desde las alturas de sus riscos. Estaban todas reunidas, sin que faltara una sola, como si fueran sus obedientes cabras. Tantas noches las había apacentado con los dulces sones de su caramillo, que ya sabía exactamente el sitio de cada una. Ahora habían bajado todas al río para llenar de luz su cauce rumoroso. El río se había convertido en un gran espejo de la noche. Sobre él brillaba el fulgor de las estrellas. Pero en su corazón brillaba ahora el río y las estrellas mismas, porque su espíritu seguía siendo el espejo de la naturaleza.

Entonces, Abenámar sintió que un leve viento pasaba por su mundo interior y que su arpa empezaba a tañer la canción de la noche tranquila. Volvió a ver sobre las aguas del río el lejano rebaño de todas sus estrellas y, entonces, sacó de la mochila su dulce caramillo y, haciendo sonar su música tranquila, esperó que el alba despuntara para darle un adiós a las estrellas que se iban desvaneciendo sobre el cielo y las aguas, a medida que la luz del nuevo día avanzaba lentamente con sus húmedas sandalias de luz y de rocío.

Cuando se hubo desvanecido el último lucero, Abenámar sintió unos pasos ágiles muy cerca del tulipán, bajo cuyas ramas había pasado la noche.

Era un joven que preparaba su red, poniéndole trocitos de hierro y pequeñas piedras para que, al ser arrojada al agua, pudiera sumergirse.

El pescador no había advertido la presencia de Abenámar y dijo en voz alta lo que esperaba del día:

—Tendré que sacar más peces que ayer. Necesito dinero para comprar una nueva red y para calafatear mi barca. ¡Diablos! ¡No es la época en que los peces suben, por el cauce del río en abundancia! ¡Pero estoy seguro de que sacaré más peces que ayer!

Entonces, Abenámar, incorporándose, fue hasta donde el pescador preparaba su red y le dijo:

—Ya vendrá la subienda. No te desesperes que hoy tendrás muy buena pesca. Siempre hay que esperar lo mejor de cada día que llega. Y si no viene lo esperado y estamos alegres a pesar de ello, mucho es lo que hemos ganado. Así, en las épocas malas, podemos darle más luz a nuestro espíritu. La fe y el optimismo son lámparas que brillan más en la oscuridad. Cuando las tenemos encendidas en la adversidad, siempre podemos pensar que cada día que se va sin alcanzar lo deseado, es apenas víspera de uno mejor.

El pescador, sin entender del todo las palabras de Abenámar, sorprendido por su voz y por su extraña figura, pensando que se trataba del espíritu mismo de las aguas, al verlo vestido con su túnica blanca, le dijo:

—¿Quién eres tú? ¿De dónde vienes tan temprano? ¿Eres presagio de mi buena suerte?

Abenámar sonrió y le dijo con ternura:

—No, hijo mío. Tu buena suerte está en ti mismo. La llevas en tu corazón, porque sabes esperar con optimismo y preparas tu red con alegría.

Entonces, el pescador, sin salir de su asombro, volvió a decir:

—¿No eres, pues, un fantasma que sale de la noche? ¿Por qué llevas esa túnica que sólo llevan los muertos?

Abenámar, entonces, respondió:

—No, hijo mío. Ni soy fantasma ni he muerto todavía. Fui un joven pastor de cabras y hoy apenas soy un viejo peregrino.

—¿Pastor de cabras? ¿No es muy difícil ese oficio? —respondió el joven pescador.

—Es un oficio parecido al tuyo. Requiere de dos bellas condiciones, difíciles de alcanzar: la paciencia y el silencio. Ambas le dan hondura al corazón y hacen del hombre un ser contemplativo. Pero, vamos, tira la red, que quiero ver cómo lo haces.

Entonces, el joven se metió en su canoa y fue hasta el centro del río, desde donde lanzó la red al agua, como una bella mariposa de ilusión que despliega sus alas en el aire. Al cabo de un rato, tiró de la red y ella salió rebosante de pescados que brillaban con el sol de la mañana.

El pescador le ofreció el más grande a Abenámar y le dijo:

—Me has dado hoy la buena suerte. Estoy agradecido contigo por ello.

Abenámar, entonces, le dijo:

—No, amigo. Tu suerte está en tu juventud y en tu buen corazón. Eres el primer hombre que he visto trabajar con amor y optimismo. Además, haces una cosa muy bella: cuando lanzas al aire esa red y ella se abre en el viento, pienso que así debe ser tu propio espíritu: una red que se abre para atrapar en ella los colores del día.

El pescador, entonces, sonrió, con una sonrisa tan dulce y tan ingenua que Abenámar vio en ella, por primera vez, el rostro de la felicidad. Y pensó para sí:

«Muy extraño es el comportamiento de los hombres. Los aldeanos y los campesinos que vi ayer están llenos de riqueza y sin embargo se odian y se envidian. Jamás podrán ser felices, a pesar de vivir en la abundancia. En cambio, este joven pescador, tan pobre que apenas tiene una red vieja y una canoa desvencijada, vive con optimismo y alegría; no siente envidia por nadie y es agradecido con la vida. Por eso es un hombre feliz. En su sonrisa hay paz y hay amor.»

Abenámar quiso permanecer algún tiempo al lado de este joven pescador, pero comprendió que tenía que avanzar detrás del lucero de su sueño. Empezaba a sentir la fatiga de tantas millas de duro caminar y la desilusión de haber estado entre los hombres.

Entonces le dijo al pescador:

—Llévame hasta la otra orilla en tu barca. No puedo detenerme mucho rato contigo. Pero dime antes: ¿qué hay al otro lado del río?

El pescador le dijo:

—Más allá del río está la gran ciudad. Si deseas, puedo acompañarte.

Abenámar sonrió y poniéndole una mano en el hombro, le dijo:

—No es menester que me acompañes. Mejor haces si te quedas pescando. Hoy va a ser un buen día para ti. No debes desperdiciarlo porque mañana quizá no tengas una pesca tan abundante. Aprovecha los buenos tiempos para gozarlos y los tiempos de escasez para recordar aquéllos y esperar tiempos mejores.

Cuando Abenámar pasó a la otra orilla, el Sol estaba en el cenit y el río resplandecía como un alfanje de plata. Entonces emprendió el camino hacia la gran ciudad.

XII. En la ciudad

El camino a la ciudad era muy amplio y a veces se desdibujaba sobre la gran llanura de tierra amarillenta, sobre la cual rodaba el Sol más grande que Abenámar había visto en toda su vida. La vegetación era muy sobria y escasa, pues lo único que podían ver sus ojos eran los cardos y las tunas que a trechos decoraban el camino.

Antes de llegar a la ciudad, Abenámar tropezó con una caravana de camellos cargados. Era conducida por varios hombres que llevaban puestas lujosas túnicas de seda y turbantes de muy vivos colores.

Abenámar quedó maravillado ante el paso rítmico y pausado de los camellos pardos, en cuyos ojos lánguidos fulgía la soledad de los desiertos y el fuego abrasador de los días sin agua. En aquellos rostros morenos de los hombres que cabalgaban con gracia los camellos y llevaban el ritmo de sus cascos, le pareció ver la cadena interminable de sus antepasados, traspasando el desierto hasta llegar a los riscos para hacerse pastores.

Abenámar se sumó a la caravana y con ella llegó a la ciudad, sin que los mercaderes que la guiaban le dirigieran una sola palabra. Nadie pareció advertir su presencia. Ni siquiera los camellos. Hombres y bestias parecían habitar mundos interiores herméticos y pensaban muy hondo, como si estuvieran caminando lentamente por los infinitos desiertos de sus almas.

Cuando entraron a la ciudad, la noche había caído sobre las cúpulas redondas de sus hermosas mezquitas, sobre las torres de sus espléndidos palacios y sobre los abanicos cadenciosos de sus verdes palmeras. Sobre un cielo muy azul brillaban las estrellas plateadas y Abenámar vio, entre ellas, más grande y más resplandeciente, el lucero de sus sueños. Estaba sobre el monte, a espaldas de la ciudad, y lo vio tan cerca que pensó que estaba muy próximo el día en que podría alcanzarlo.

Abenámar llegó hasta la gran plaza inundada por gentes de todas las condiciones. Había allí cientos de camellos y de mercaderes cargando y descargando; miles de hombres y mujeres que entraban y salían de las tiendas; buhoneros ambulantes, vendedores de golosinas y de frutas, carretas, magos, mendigos, vagabundos y prostitutas. Era la gran ciudad, como una colmena alborotada.

Abenámar nunca había estado en una gran ciudad como ésta. Y tuvo la misma sensación de estar tan solo como en sus propios riscos. Entonces sacó su caramillo para tocarlo y acompañar con sus sones su inmensa soledad, pero fue imposible escucharlo porque el rumor enloquecido de la urbe ahogaba sus notas. Abenámar recordó que su caramillo no estaba hecho para ser tocado en medio de las multitudes. Y pensando en esto, se quedó dormido entre el rumor alocado que salía de las entrañas de la gran ciudad.

Al día siguiente, Abenámar despertó muy temprano con los gritos que daba a su lado un buhonero. Era un vendedor de lámparas y de abanicos. Las gentes se habían congregado al frente de su tienda, pero Abenámar bien pronto se dio cuenta de que lo que movía su curiosidad no eran las cosas que ofrecía el buhonero. Les había llamado la atención su túnica de lino blanco, su viejo sombrerillo de fieltro, su mochila de fique, su cayado sarmentoso, en fin, todo su atuendo de extraño peregrino. Quizá sus largos cabellos blancos flotando al viento y sus grandes ojos claros. Pero, sobre todo, ese misterioso halo de bondad y de paz interior que parecía emanar de todo su cuerpo y que nadie conocía en la ciudad.

—Es un profeta venido de muy lejos —decían los unos.

—No. Es un gitano vendedor de ilusiones —decían los otros.

—Quizá sea un mago que viene de lejanos aduares —dijo una mujer que presumía de adivina.

Entonces, Abenámar, colocándose en el centro de la multitud que le rodeaba, les dijo:

—Soy apenas un peregrino que viene de tierras muy lejanas, predicando la paz y el amor. No adivino el pasado ni descubro el porvenir. Porque lo que llamáis pasado es lo que hemos sembrado en nuestras vidas. El porvenir es apenas la cosecha. Y si me fuera permitido comparar nuestra vida con un árbol os diría que el pasado son sus raíces, que el presente es la flor que se abre hermosamente para ser fecundada y que el porvenir está en la esperanza de los frutos.

»¿Qué, entonces, hay de misterioso en nuestra vida? ¿Acaso necesitáis de un mago para saber qué clase de frutos esperáis de vosotros mismos? Siempre se os ha dicho que quien siembra vientos recogerá tempestades. Pero yo os agrego que el que siembra con amor recogerá frutos lozanos.

Entonces un fabricante de jaulas, acercándose a la multitud, vociferó:

—Callad a ese charlatán que viene a enseñarnos una nueva religión. Calladlo, antes de que los mercaderes lo expulsen de la ciudad a latigazos.

Entonces, Abenámar, levantando un poco la voz, para poder ser escuchado entre el murmullo de la gente, le dijo al vendedor de jaulas:

—Esta gente que ahora me rodea, está dispuesta a escucharme y estoy seguro de que no me hará daño. Porque todos aman la libertad. Sólo quienes se ocupan de hacer jaulas la aborrecen. Y quienes hacen jaulas para las aves también pueden hacer jaulas para el pensamiento de los hombres.

Entonces, la mujer que presumía de adivina, gritó:

—Si no adivinas el pasado, ni escudriñas el porvenir, ni enseñas ninguna religión, ¿a qué has venido a este mercado?

Abenámar, recobrando su habitual serenidad, le respondió:

—Ya lo he dicho. He venido a predicar la paz y el amor. Para ello no tengo por qué adivinar el pasado ni escudriñar el porvenir. Ni menos ponerme el traje que usan los nigromantes, ni utilizar el lenguaje de los mercaderes. No he venido a vender nada. Simplemente os traigo una verdad que respaldo con mi propia vida. Pero no esperéis que haga milagros, porque tampoco soy un mago de feria ni un vendedor de ilusiones.

Entonces, un camellero, desde la giba de su paciente animal, se atrevió a preguntarle:

—Si no eres un mago ni un ilusionista ¿por qué usas esa extraña túnica de brujo?

A las palabras insolentes del camellero la multitud empezó a reír y pronto creció el murmullo en la abigarrada plazoleta. Abenámar, haciendo con las manos un ademán similar al que hacía cuando las cabras de su rebaño se ponían inquietas, volvió a decir:

—Ésta es la túnica que usamos los cabreros en la tierra de donde yo he venido. No tengo otro vestido y tampoco me hace falta.

El camellero, desde la giba de su hermoso animal, volvió a decir, mientras se arreglaba su luciente turbante de seda azul:

—Entonces ¿qué has venido a hacer a esta ciudad? ¿Podemos saber a qué oficio te dedicas? No queremos gente ociosa entre nosotros.

Abenámar, entonces, dijo:

—En otra época, cuando era joven, apacentaba cabras. Ahora lo único que puedo hacer, a mi edad, es tocar el caramillo.

Y sacando el pequeño instrumento del bolsillo de su túnica, lo mostró a la multitud. Y todos vieron en sus lánguidas manos la delgada y hermosa caña. Era tan pequeña y tan frágil que parecía más bien un pájaro cautivo en sus manos. Y muchos tuvieron la impresión de que iba a volar de un momento a otro, sobre las cabezas de todos, y que iba a cruzar por el cielo de la plaza, hasta perderse detrás de las cúpulas de las mezquitas y de las torres de los palacios. Y, en verdad, todos vieron que del pequeño instrumento salía un extraño resplandor, como si se tratara de algo sagrado. Y muchos también vieron que el instrumento tenía pequeñas alas doradas que se agitaban entre las manos blancas de Abenámar. Porque las cosas tienen alma. Y el alma del caramillo eran sus propias notas, hechas también para ser lanzadas al viento.

Entonces, toda la multitud calló y todos pusieron sus ojos en el caramillo que Abenámar todavía tenía entre sus manos y mostraba con tanto amor. Del corazón del viejo pastor fluía una fuerza misteriosa que, navegando la sangre, llegaba hasta sus manos para transmitirle al pequeño instrumento las propias alas de su espíritu. La cosa más pequeña, en las manos de un hombre poseído por la fe, había logrado el milagro más grande: imponer el silencio entre la multitud vociferante.

Entonces, como nadie había escuchado en su vida la melodía de un caramillo, le pidieron que lo tocara.

Abenámar empezó a hacerlo con tanto amor que todo fue silencio para escuchar sus notas. El fabricante de jaulas soltó las palomas que tenía prisioneras; el camellero se quitó el turbante para escuchar con más respeto esos dulces sonidos que salían del corazón del viejo pastor a través de su caña; y los camellos mismos levantaron sus cervices lustrosas y cerraron sus ojos para escuchar esa dulce canción que sonaba como el gemido que hace el viento al cruzar por los oasis.

—Es como el canto del ruiseñor —dijeron unos.

—No; parece más bien el canto de la alondra —dijeron otros.

Y a medida que Abenámar seguía tocando el caramillo, fue creciendo la multitud a su lado.

El buhonero bien pronto se dio cuenta de la impresión que causaba el extranjero, al lado de sus lámparas y de sus abanicos, y le rogó que se quedara con él ese día. Abenámar accedió a ello, pero rehusó las monedas que el buhonero quiso darle en recompensa a su solicitud. Entonces le dijo:

—Guarda tus monedas, que harta falta te hacen. Yo sólo quiero tu amistad.

Cuando cayó la noche, el buhonero invitó a Abenámar a su casa y le ofreció en ella su hospitalidad. Pero hubo algo que conmovió a Abenámar tan hondamente, como para llevarlo a pensar que estaba muy cercano el final de su peregrinaje.

A la hora de la cena, el buhonero llamó a su hija para presentarla al peregrino. Era una joven morena de veinte años, tan esbelta y hermosa que Abenámar se quedó extasiado contemplándola. Entonces el buhonero, halagado por la actitud del peregrino y pensando quizás que era un viejo que no podía enamorarla, para sentirse más orgulloso aún de su hija le ordenó que se quitara el velo con que cubría su cara. Hízolo así la muchacha y, al descubrir su rostro, Abenámar sintió que todas las fuerzas le abandonaban y que toda su paz interior se diluía de un momento a otro.

Abenámar acababa de ver en el rostro de la joven a la propia Izcai, cuando ella tenía su misma edad y ambos se amaban con el fuego de la juventud. Era como si el tiempo hubiera retrocedido para ponerlo enfrente de su propio pasado.

—¡Izcai! —gritó Abenámar, dominado por una honda emoción.

Pero luego pensó que era víctima de alguna alucinación. Sin embargo, se quedó contemplándola largo rato, como en un éxtasis sagrado. No cabía la menor duda. La hija del buhonero tenía los mismos rasgos de Izcai, la misma sonrisa, los mismos ojos, la misma boca, en fin, era como una fiel reproducción de lo que había sido su mujer muchos años atrás. Y no sólo tenía el mismo rostro; también la misma voz y el mismo gesto.

—¿Cómo te llamas? —fue lo primero que Abenámar se atrevió a preguntarle.

—Dabeiba —dijo lenta y cadenciosamente la voz de la muchacha.

—Eres tan bella como la primavera —musitó suavemente el peregrino.

Y de inmediato se le humedecieron los ojos.

Entonces, Abenámar no pudo resistir más el encuentro con su pasado y esa misma noche abandonó la ciudad y se dirigió a la montaña, donde aún estaba brillando el lucero de sus sueños.

Abenámar empezó a ascender lentamente la montaña donde el lucero de sus sueños brillaba solitario. Todas las estrellas de la noche anterior habían desaparecido. Allí estaba él, solo, sobre la cúpula del monte, iluminando sus flancos con su luz de blanco resplandor.

A medida que caminaba, Abenámar pensaba en su pasado. Recordaba cómo, siendo niño, su padre le llevaba a los riscos y le enseñaba el oficio de cabrero. Allí había pasado toda su vida apacentando rebaños y tocando su dulce caramillo. Recordaba también sus años de adolescencia, tan lejos de los hombres, caminando con hambre y con sed por aquellos abruptos caminos, contemplando los abismos, trepando por los despeñaderos, cuidando siempre de sus cabras, ahuyentando a los lobos hambrientos y a las águilas voraces, en fin, templando su corazón y fortaleciendo su cuerpo, en medio de aquellos riscos solitarios. Y luego el amor de Izcai llenando su vida, como un dulce manantial cayendo sobre el cántaro de su existencia y rebosándolo por completo de una felicidad sin límites.

Toda su vida fue pasando lentamente por los caminos del recuerdo. La brisa nocturna movía las hojas de los árboles y llegaba hasta su rostro para despeinar sus blancos cabellos. Pero Abenámar ya no la sentía. Los grillos del bosque y las cigarras escondidas entre los rastrojales, empezaron a cantar sus delicadas melodías nocturnas. Pero Abenámar ya no las percibía. Las aguas del arroyo murmuraban a su paso por entre la oscuridad de la noche. Pero Abenámar ya no las escuchaba. Las luciérnagas salieron al camino a regar sus destellos de luz. Pero Abenámar tampoco las veía. Estaba sumergido dentro de su mundo interior. Y desde allí escuchó de nuevo la voz de Izcai, como viniendo desde lejanas e ignotas comarcas del recuerdo:

«Abenámar, mi pequeño pastor, he seguido tus huellas, paso a paso y sin descanso. Cada vez que has puesto tu sandalia en la tierra he sentido que dejas tu huella sobre mi propio corazón. Te he seguido con la impaciencia que nace del amor, pero nunca te he visto vacilar. Nunca has desconfiado del lucero que persigues porque en él has puesto toda la fe que brota de tu alma. A tu paso por la vida has tropezado con los hombres y ellos te han llenado de tristeza. Sólo la fe que has puesto en el lucero hace desvanecer esta tristeza y convierte el dolor en esperanza. Porque tu fe es muy grande, amado mío. Casi tan grande como la distancia que te separa del lucero. Ahora te digo, desde la soledad de nuestros riscos, que es muy poco lo que te falta por llegar. Mira el lucero nuevamente: ¿no es verdad que se ha detenido en la cima del monte, sólo por esperarte?»

Entonces, Abenámar volvió a mirar al lucero y lo vio quieto, resplandeciendo sobre la cúpula de la montaña. Lo vio más grande y más hermoso que antes. Pero la fatiga se estaba apoderando de su cuerpo y por primera vez sintió miedo de no poderlo alcanzar, teniéndolo tan cerca. Respiró hondo e hizo un nuevo esfuerzo para continuar la marcha. Sintió que el sudor bañaba su cuerpo y pegaba la túnica a sus carnes. Sus pasos eran torpes y tuvo deseos de descansar por un momento. Pero entonces volvió a escuchar la voz de Izcai, que fluía de su mundo interior:

«Abenámar, no te detengas que ya te falta muy poco para llegar. Nada ha podido contra ti. Has pasado por encima de las veleidades humanas, sin que ellas hayan podido lastimar tu corazón. Todavía tienes fuerzas para escalar el monte. Piensa que yo, desde estos riscos solitarios, desde el solar de la cabaña, también estoy viendo tu lucero y te veo muy próximo a alcanzarlo. No te detengas. ¡Haz un esfuerzo!»

Abenámar, en realidad, había caminado mucho durante toda la noche, sin que se hubiera dado cuenta. Por eso se sentía tan cansado y casi desfallecido. Pero al escuchar la voz de Izcai hizo un nuevo esfuerzo y siguió avanzando por la escarpada senda. Por primera vez sintió el peso de sus sandalias, y la túnica, pegada a su cuerpo, se había convertido en un obstáculo para su marcha. La noche había avanzado mucho y sólo faltaban pocas horas para que llegara el nuevo día. Y esa noche tenía que llegar hasta el lucero.

Abenámar sintió nuevamente que sus fuerzas flaqueaban. El paso de todos sus recuerdos a través de su mente le hizo sentir el peso de sus años. Sin embargo, sabía que dentro de su cuerpo cansado habitaba un espíritu joven. Así como un cántaro antiguo puede estar lleno de agua fresca. Su voluntad seguía sosteniendo sus anhelos, como si fuera una columna de acero. Pero su cuerpo difícilmente obedecía.

A lo lejos escuchó el canto de un gallo. Entonces, Abenámar sintió miedo, porque sabía que muy pronto iba a amanecer. Y con la luz del alba, el lucero sería borrado del firmamento. Nuevamente respiró hondo y arrojó el aire con fuerza. Y volvió a sentir la voz de Izcai, repitiendo sus palabras de estímulo. Agarrándose de las ramas de la pendiente logró, por fin, coronar la cima del monte. Entonces sintió sed, una sed muy intensa que iba quemando su lengua y que se le metía por todo el cuerpo y empezaba a consumirlo. Pero luego sintió el rumor del agua en el arroyo. Entonces penetró en el bosque en busca de esa agua para mitigar la sed terrible que devoraba su cuerpo.

Al agacharse para recoger el agua cristalina entre sus manos, Abenámar vio de nuevo el lucero reflejado en el agua del arroyo. Entonces, antes de tomar el agua, que empezaba a escurrirse por entre sus dedos, volvió a mirar al firmamento. Y observó que el lucero empezaba a crecer y a brillar con luz inigualada. Y luego vio cómo iba descendiendo vertiginosamente sobre la montaña y cómo ésta empezaba a brillar intensamente con los resplandores del astro. Abenámar, entonces, sintió que esa luz que fue inundando el bosque también lo iba inundando interiormente, lo iba penetrando con su luz de armonía y de paz interior. Se fue sintiendo él mismo como un panal de luz, como un farol resplandeciente en medio del bosque tranquilo. Y sintió luego un viento cálido que pasaba suavemente sobre las cuerdas de su arpa interior y empezó a escuchar una dulce melodía.

Entonces, Abenámar, poseído por una gran felicidad, dejó escapar el agua de sus manos y se tendió de espaldas en el bosque para ver mejor el lucero que seguía descendiendo. Y viéndolo bajar hasta él, en medio de aquel océano de luz que cegaba sus ojos, sintió que su corazón alzaba el vuelo y salía jubiloso a contemplar también el descenso del astro.

Fue en ese instante cuando la luz del alba se hizo más intensa y brilló en el cielo la luz de un nuevo día.

El bosque se iluminó con la luz de la mañana y sobre el cuerpo desfallecido de Abenámar brillaron también las gotas del rocío.

Desde los riscos solitarios, en el solar de la cabaña, Izcai también había visto el instante en que el lucero de Abenámar había dejado de brillar para siempre.

Índice